Audrey E. McAllen
Die Extrastunde

AUDREY E. McALLEN

Die Extrastunde

Zeichen- und Bewegungsübungen für Kinder mit Schwierigkeiten im Schreiben, Lesen und Rechnen

VERLAG FREIES GEISTESLEBEN

Im Andenken an Frederick Geuter, der mich mit dem Lebenswerk Rudolf Steiners bekanntmachte und in mir den Wunsch weckte, Erzieherin zu werden.

Aus dem Englischen von Uta Stolz

Die vierte, überarbeitete Auflage der englischen Ausgabe erschien 1992 unter dem Titel «The Extra Lesson» bei «The Robinswood Press»

Die 1. Auflage der deutschen Ausgabe erschien 1982 unter dem Titel «Die Förderstunde»

ISBN 3-7725-0256-3

Deutsche Ausgabe:
3. Auflage 1998
Verlag Freies Geistesleben
Landhausstraße 82, 70190 Stuttgart
Internet: www.geistesleben.com

Einband: Walter Schneider
Druck: Offizin Chr. Scheufele, Stuttgart

Inhalt

Danksagung

Ich möchte Else Göttges aus Holland dafür danken, daß sie erlaubt hat, folgende Bewegungsübungen, die auf dem Zusammenhang zwischen den Sinnen basieren, zu veröffentlichen: das Stabrollen, den Zahlenstern und die Methode des «rhythmischen Lesens». Weiter danke ich der Rudolf Steiner-Nachlaßverwaltung in Dornach, Schweiz, für die Erlaubnis, eine Übung von Rudolf Steiner aufzunehmen, und Dr. med. Maria Glas (Wien), die mir die Übung des «Großen Wagens» zeigte.

Ich danke Michaela Glöckler, Leiterin der Medizinischen Sektion in Dornach, Schweiz, für ihr Interesse und ihre Beratung.

Mein Dank gilt auch meinen Kollegen, deren Kommentare und Vorschläge mir geholfen haben, dieses Buch zu verbessern, schließlich auch Christopher Marschall von Robinswood Press, dem ich für seine sorgfältige Bearbeitung und Herausgabe des Textes sehr verbunden bin.

Tuffley, Gloucester, 1992 — Audrey E. McAllen

Geleitwort

Lehrer und Erzieher klagen weltweit über die stetige Zunahme von Lernschwierigkeiten, Teilleistungsstörungen und Verhaltensauffälligkeiten im Kindergarten- und Schulalter. Und so wächst auch die Zahl sehr unterschiedlicher Therapieangebote und Fördermaßnahmen. Die jetzt wieder in überarbeiteter Auflage vorliegende *Extrastunde* von Audrey McAllen ist ein solches Angebot aus dem Bereich der Waldorfpädagogik. Es wurde insbesondere in der englisch sprechenden Welt dankbar aufgegriffen. Denn hier werden von einer engagierten Förderlehrerin aus ihrer Erfahrung und ihrer speziellen Art, die Pädagogik Rudolf Steiners zu verarbeiten und zu interpretieren, nicht nur eine Vielzahl von Übungen zur Koordination der Sinnesfunktionen und zur Förderung der Bewegungsentwicklung gegeben, sondern auch ein bestimmter Aufbau der Übungen dargestellt, die es besonders dem Berufsanfänger leichtmachen, damit zu arbeiten.

Es muß jedoch zugleich auch deutlich ausgesprochen werden, daß die Waldorfpädagogik selbst mit ihrem altersspezifischen Lehrplan, ihrer speziellen Methodik und Didaktik – wenn diese wirklich zur Anwendung kommen – in den meisten Fällen ausreicht, um dem einzelnen Kind die Förderung zu geben, die es für seine Entwicklung braucht. Insbesondere Bewegungsübungen im rhythmischen Teil des Hauptunterrichtes, ergänzt durch die künstlerischen Fächer sowie die integrierte Bewegungskunst Eurythmie und die ins Therapeutische abgewandelte Heileurythmie wirken ordnend und gesundend auf das Zusammenwirken der leiblichen, seelischen und geistigen Kräfte des Kindes. Die Waldorfpädagogik selber ist als heilende Erziehung konzipiert und hat – wenn sie konsequent verwirklicht wird – auch hohe präventivmedizinische Bedeutung. Und was sie als pädagogisches Konzept ganz besonders auszeichnet, ist die individuelle Handhabung und Ausgestaltung ihrer Förderprinzipien durch die jeweilige Lehrerpersönlichkeit angesichts der ganz konkreten Situation, in der das einzelne Kind oder eine Klasse sich gerade befinden. Und so ist es verständlich, daß Audrey McAllen gerade im deutschsprachigen Raum, wo die Waldorfschulen ihre älteste Tradition besitzen und die größte Ausbreitung erfahren haben, immer wieder auch dem Einwand einer zu großen Vereinfachung und Standardisierung im Aufbau ihres Übweges begegnet, der von den vielfältigen Fördermöglichkeiten der Waldorfpädagogik im Rahmen des Regelunterrichtes ablenkt; denn die Waldorfpädagogik sollte den Lehrer gerade motivieren, sein gesamtes pädagogisches Tun als allgemeine altersentsprechende und individuelle Fördermaßnahme anzusehen und weiterzuentwickeln. Auch wird mit Recht darauf hingewiesen, daß insbesondere die medizinischen Zusammenhänge sehr vereinfacht wiedergegeben sind.

Dennoch wird auch der kritische Leser nicht daran vorbeigehen können, daß hier eine engagierte Waldorflehrerin und Förderlehrerin mit hoher Motivation und Begeisterung darstellt, wie sie aus ihrer Beschäftigung mit der Waldorfpädagogik und ihrer Unterrichtserfahrung heraus einen Weg gefunden hat, den immer komplizierter und schwieriger werdenden Erziehungsproblemen und Lernschwierigkeiten der Kinder zu begegnen. Und so sei dieser Neuausgabe in deutscher Sprache der Wunsch mitgegeben, daß seine Lektüre dazu anregen möge, nicht nur dem hier vorgezeichneten Weg zu folgen, sondern vielmehr diesen als Anregung zu nehmen, um selber schöpferisch zu werden im Umgang mit den Grundlagen der Waldorfpädagogik, in der Beobachtung der Kinder und im Herausfinden dessen, was für diese angesichts einer bestimmten Schwierigkeit oder Behinderung die adäquate Fördermaßnahme ist, ganz unabhängig davon, ob diese nun in den Unterricht der gesamten Klasse integriert wird oder aber vom Lehrer selbst im Rahmen einer Extrastunde oder nach Rücksprache mit dem Förderlehrer von diesem aufgegriffen bzw. mitberücksichtigt wird.

Dornach, im Herbst 1996 *Michaela Glöckler*

Vorwort zur deutschen Ausgabe

Audrey McAllens Ansatz für den Förderunterricht, *Die Extrastunde,* ist bislang in Deutschland nicht genügend gewürdigt worden. 1992 erschien eine neue englische Ausgabe des 1985 erstmals herausgegebenen Buches, in dem die Autorin etwas ausführlicher die Hintergründe der von ihr entwickelten Übungen und Tests darlegt. Es war mir ein großes Anliegen, dieses Buch zu übersetzen und so dem deutschsprachigen Publikum zugänglich zu machen.

Die Extrastunde ist das erste und bislang einzige veröffentlichte umfassende pädagogische Förderkonzept, das auf den menschenkundlichen Grundlagen Rudolf Steiners basiert. Es richtet sich besonders auf die Lernvoraussetzungen im Bewegungsbereich. Die Autorin nennt ihre Methode «Extrastunde», weil sie möchte, daß die Kinder in diesen Stunden vor allem die besondere Zuwendung erleben und nicht primär mit ihren Schwächen konfrontiert werden. McAllens Übungen sind keineswegs als schnelle, rezepthafte Hilfestellungen aufzufassen; dieser Eindruck kann nur entstehen, wenn man sie weder in der Praxis erlebt noch angewandt hat. Vielmehr sind diese Übungen als Meditationen für die Struktur des physischen Leibes zu verstehen. Sie machen das Kind nicht nur geschickt, sondern sprechen auch Urbilder in ihm an, die es aus der geistigen Welt mitgebracht hat.

Audrey McAllen weist uns auf den Unterschied zwischen der Struktur unseres physischen Leibes und unserer Konstitution hin. In der *Wahrnehmungs- und Bewegungsentwicklung* folgen wir alle einem archetypischen Pfad, der uns in unseren Leib hineinführt und dadurch mit den Schwerkraftverhältnissen der Erde vertraut macht. In der *Konstitution* offenbaren sich unsere leiblichen, seelischen und geistigen Eigenheiten. Nur wenn es uns gelingt, die Schwierigkeiten der

Kinder aus beiden Blickwinkeln zu erfassen und zu beschreiben, können wir gezielt Hilfe anbieten.
Der Schwerpunkt des Buches sind die Übungen und Tests. In ihren Vorträgen hat Audrey McAllen Lehrer und Förderlehrer weltweit in die menschenkundlichen Hintergründe ihres Ansatzes eingeführt. Bislang ist dieser Teil ihres so wertvollen Lebenswerkes noch unveröffentlicht. Um die Anregungen, die uns Audrey McAllen in diesem Buch gibt, fachkundig anwenden zu können, ist es ratsam, sich mit der angegebenen Literatur zu befassen. Noch wichtiger ist es, sich in Arbeitsgruppen mit anderen Förderlehrern zu treffen und Erfahrungen auszutauschen. Mittlerweile gibt es auch in Deutschland eine Fortbildung für Förderlehrer (berufsbegleitend), die unter anderem die Grundlagen der *Extrastunde* vermittelt. In Berlin wird einmal im Jahr ein Intensivseminar über die *Extrastunde* angeboten. Ohne eine solche Fortbildung kann es nur schwer gelingen, diese Übungen fachlich fundiert anzuwenden. In diesem Sinne ist das Buch als ein Handbuch zu verstehen, das eine gewisse Kompetenz in der Behandlung von Lernstörungen voraussetzt. Ich bin sicher, daß *Die Extrastunde* ein wesentlicher Impuls für all diejenigen sein wird, die sich dem immer größer und akuter werdenden Problem der Lernschwierigkeiten annehmen.

Informationen erhalten Sie bei Uta Stolz oder Nico Bruin, Hochschule Helicon, Socrateslaan 22 a, NL-3707 GL Zeist, Telefon 0031 30 6937900, Telefax 0031 30 6911440.

Berlin 1995 *Uta Stolz, Förderlehrerin in freier Praxis*

Einleitung

Erziehung beruht auf der Entwicklung von Fähigkeiten. Heutzutage begegnen wir immer mehr Kindern, die den grundlegenden Anforderungen im Schreiben, Lesen und Rechnen nicht gerecht werden können. Die üblichen pädagogischen Bemühungen schlagen bei diesen Kindern oft fehl.

Als *Lehrer* vermitteln wir Wissen und freuen uns, wenn es die Kinder genauso widerspiegeln. Als *Erzieher* müssen wir uns zwei Fragen stellen: Welche Fähigkeiten weckt der gegebene Unterrichtsstoff im Kind? Wie wirkt unser erzieherisches Vorgehen auf Gesundheit und leibliche Entwicklung des Schülers? Bei der Durchsicht von Heften beispielsweise, die sechs- bis achtjährige Schüler geschrieben haben, freut sich der *Lehrer* über eine schön geschriebene Arbeit, während er sich über unsaubere, schlampig geschriebene Zeilen ärgert. Aber unser *Erzieherauge* hält inne und fragt: Schreibt dieses Kind nicht zu gekonnt und makellos für sein Alter? Besteht nicht die Gefahr, daß es um das neunte Lebensjahr einen Einbruch erleidet, wenn sich die Art und Weise, wie es sich und seine Umgebung erlebt, grundlegend ändert?[1] Wird uns solch ein Schüler nicht einen Aufsatz voller Wiederholungen ohne eigene Gedanken präsentieren, wenn er zwölf Jahre alt ist? Verbergen unsaubere Zeilen die Begabung, ein Erlebnis kurz und prägnant zu schildern, oder ist die körperliche Entwicklung dieses Kindes so beeinträchtigt, daß diese Fähigkeiten nicht genügend reifen konnten? Wird es lethargisch und mutlos werden und damit sein inneres Gleichgewicht verlieren?

Wenn es uns als Erzieher nicht gelingt, im Kind Fähigkeiten zu wekken, müssen wir uns fragen: Waren für das Kind die Erfahrungen, durch die sich diese Fähigkeiten entwickeln, umfassend genug? Sind sie im entsprechenden Lebensalter an das Kind herangebracht worden?

Die Autorin hat sich um die Entwicklung einer Methode bemüht, die Kindern hilft, möglichst viele altersentsprechende Fähigkeiten zu erwerben. Ein Erziehungsansatz, der sich auf die Arbeit von Rudolf Steiner gründet, geht davon aus, daß der Mensch mehr ist als die Summe von Umgebung, Vererbung und persönlicher Psychologie. Über seine physischen Merkmale hinaus verfügt er über einen spirituellen Kern und eine geistgetragene Biographie. Bestimmte Beobachtungen legen uns nahe, daß der menschliche Körper mit all seiner komplizierten Neurologie, Physiologie und Anatomie von physisch nicht wahrnehmbaren Wesenheiten umhüllt ist. Diese Wesenheiten ordnen dasjenige, was wir durch die Sinne aufnehmen. Die Sinne selbst sind der leibliche Niederschlag dieser übersinnlichen Ströme.

Wenn wir einen Leichnam betrachten, sehen wir, daß dasjenige, was den Organismus belebt und mit Energie durchdrungen hat, nun verschwunden ist. Ohne diese Lebenskraft setzt Zerfall ein. Siebzig Jahre und länger hat sie verhindert, daß die physischen Bestandteile des Körpers den normalen chemischen Gesetzmäßigkeiten unterliegen. Diese Lebenskraft – oder der Ätherleib, wie Steiner sie nennt –, läßt das Kind wachsen. Wir sehen, wie diese Kraft wirkt und sich zurückzieht, wenn wir zum Beispiel die Entwicklung der Blüte einer Osterglocke verfolgen. Die Knospe schwillt an und schiebt sich aus der braunen Hülle. Die Blütenblätter entfalten und spannen sich. Das Grün verwandelt sich in leuchtendes Gelb. Das Gelb wird intensiver, und plötzlich ist der Höhepunkt überschritten. Das unsichtbare Etwas, das die Blütenblätter an den Spitzen herausgezogen hat, weicht zurück. Es hinterläßt das sichtbare Netz der feinen Äderchen auf den Blütenblättern. Hier spüren wir das Wirken übersinnlicher Wesenheiten. Dieser Lebensleib der Pflanze läßt die Samen keimen. Wo er nicht wirkt, sprießt kein neues Leben.

Wir sind pflanzengleich, wenn wir schlafen. Wenn wir aufwachen, strömen andere Kräfte in unseren physischen Leib und unseren Lebensleib. Bewußtsein zieht in uns ein. Wir fühlen Schmerz und Freude. Wir haben Anteil an der gesamten Spannbreite des Seelenlebens. Rudolf Steiner nennt das Wesensglied, das sich darin ausdrückt, den Astralleib oder Seelenleib des Menschen. Aber wir sind nicht allein von diesem Seelenleib geprägt. Ein viertes Wesensglied erhebt uns über die Tiere: Es ist der menschliche Geist oder das Ich, das unser Seelenleben leiten und unseren Willen ausrichten kann. Das Ich hat die geistige Gabe des Denkens, unsere Seele die Möglichkeit des Fühlens, und unser Leib trägt die Lebenskraft des Wachsens. Unser physischer Leib als solcher spiegelt unser Bewußtsein, unser Denken, Fühlen und Wollen, in seinem Aufbau wider.

Wenn wir die Körpergestalt eines Erwachsenen betrachten, erkennen wir eine bestimmte dreigliedrige Struktur:

- Der *Kopf* mit dem Gehirn ist der hauptsächliche Träger des Bewußtseins. Hier sind wir wach im Denken.
- Die *Brust*, die Herz und Lunge schützt, birgt das Atem- und Kreislaufsystem. Es ist das Zentrum unseres Gefühlslebens. (Unser Herz schlägt zum Beispiel vor Freude schneller, oder wir schnappen vor Schreck nach Luft.)
- Die *Glieder* und der *Stoffwechselapparat* sorgen dafür, daß wir uns bewegen können und die Gliedmaßen unserem Willen gehorchen. (Wir werden beispielsweise ohnmächtig vor Hunger, und unsere Beine gehorchen uns dann nicht mehr.)

Diese seelische und leibliche Dreigliedrigkeit entspricht den Intentionen unserer Individualität, unseres Ich.

Das Bild der dreigliedrigen menschlichen Gestalt wird dem Lebensleib und dem physischen Leib durch das Geistig-Seelische der heranwachsenden Individualität von innen eingeprägt. Dies geschieht durch das Zusammenwirken der übersinnlichen Kräfte. Das ist die Grundlage jeder *Fähigkeit*. Ein ähnliches Bild muß uns von außen in den Lebensleib und physischen Leib eingeprägt werden. Dieses Komplementärbild wird durch die Umgebung geformt, sowohl durch die physische als auch die seelische, die beide auf die Sinnesorganisation des physischen Leibes einwirken. Diese Formung von außen ist die Grundlage jeder *Fertigkeit*. Beides ist notwendig, wenn ein Kind lernen soll. Durch Bewegung prägt sich der physische Leib dem Ätherleib ein, wie Steiner beschreibt.[2] Im Idealfall stimmen das innere und das äußere Bild der menschlichen Gestalt überein. In den ersten sieben Lebensjahren sorgen Bewegung und Sprache für diesen Einprägevorgang.

Im vorliegenden Buch ist oft die Sprache vom Wirken übersinnlicher Wesensglieder. Wenn ein Kind geboren wird, ist es die Aufgabe seiner Eltern und Erzieher, ihm beim Zusammenführen von Seele und

Geist einerseits und dem ererbten physischen Leib und Lebensleib andererseits zu helfen. Diese beiden entgegengesetzten Glieder jedes Menschen haben eine lebendige, fließende Beziehung, die dem Ein- und Ausatmen ähnelt. Wie jene Vorgänge ablaufen, ist detailliert in den Grundlagen zur Waldorfpädagogik herausgearbeitet. Die Lernprobleme, auf die das normal begabte Kind stößt, haben mit Beeinträchtigungen dieses «Atmungsprozesses» zu tun. Der physische Leib kann zum Beispiel durch die Nebenwirkungen von Arznei-, Beruhigungs- oder Schmerzmitteln während der Schwangerschaft oder bei der Geburt und anderen äußeren Umständen in Mitleidenschaft gezogen worden sein, oder die Individualität hat nicht genügend innere Kraft, die ererbte Konstitution umzuarbeiten.

Solche Faktoren legen uns nahe, den physischen Leib in seiner strukturellen Organisation, das heißt in den Knochen, Muskeln und Nerven, genauer anzuschauen, und zwar in der Zeit, wo der Geist des Menschen die engste Verbindung mit ihnen eingeht, nämlich von der Geburt bis zum Zahnwechsel.[3]

Der strukturelle physische Leib, der der Geistseele des Individuums durch den Vererbungsstrom zur Verfügung gestellt wird, ist das Werk der alldurchdringenden Schöpferkraft, das sich in langen, vergangenen Zeiträumen vollzogen hat. Alle menschlichen Skelette sind auf dieselbe archetypische Weise gebaut. Unsere Muskeln sitzen an den gleichen Stellen daran fest, so daß sie das Knochengerüst bewegen und tragen können. Unser Nerven-Sinnes-System sorgt dafür, daß wir diese Bewegungen wahrnehmen können. Diese Tatsache gilt für alle Menschen. Unsere Reaktionen sind natürlich verschieden und persönlich geprägt, aber wir teilen den gleichen strukturellen physischen Leib. Er ist ein räumliches Wahrnehmungsorgan, das dem Bewußtsein des Menschen dient, so wie er auf der Erde lebt und sich bewegt.

In einem wichtigen Vortragszyklus, *Anthroposophie – Psychosophie – Pneumatosophie,*[4] legt Steiner die Grundlage zum Verständnis dreier für uns wesentlicher Bereiche: Er schildert die Sinnesorganisation, den Zusammenhang der höheren Wesensglieder des Menschen mit denen der Erde und die Auswirkung der Schreibrichtungen auf bestimmte Seelenverfassungen. In diesen Vorträgen erfahren wir Wesentliches über die Bewegungen zwischen Astralleib, physischem Leib und Ätherleib, die sich in Nerven, Muskeln und Knochen leiblich manifestieren.[5]

Heutzutage ist uns der Gedanke, daß die Erde ein lebendiger Organismus ist, nicht mehr fremd. So wie Mensch, Tier und Pflanze durch einen Lebensleib getragen werden, wird es auch die Erde. Der Lebensleib der Erde zeigt sich in den verschiedenen Vegetationsformen an ihrer Oberfläche. Da, wo er sich zurückzieht, entsteht Wüste und Staub. Der Jahreszeitenrhythmus ist ein Niederschlag des Seelenlebens der Erde, und die geographischen Klimazonen spiegeln eine individualisierende Ich-Qualität. Unser Planet hat sich über Äonen hin entwickelt.[6] Innerhalb dieses Evolutionsprozesses ist der Mensch ein freies Wesen geworden. Er kann schaffen und zerstören. Er selbst hat die Wahl. Diese Aspekte, die hier nur angedeutet sind, fügen den Bewegungs- und Raumerfahrungsproblemen von Kindern eine weitere Dimension bei. Sie sind grundlegend für die Bewegungsübungen in diesem Buch.

Steiner macht uns darauf aufmerksam, daß sich die Bewegung unseres Seelenleibes durch den physischen Leib während des Tages in Form einer Spirale vollzieht. Wir können den Zusammenhang zwischen der räumlichen Organisation des physischen Leibes – den das Ich des Kindes in den dreidimensionalen Raum erhebt, wenn es sich aufrichtet – und der Spirale des Seelenleibes erkennen, wenn wir auf die räumlichen Eigenschaften dieser Spiralbewegung aufmerksam werden. Zeichnen wir eine Spirale, so bewegen wir uns von oben nach unten, von links nach rechts und von außen nach innen, was vorn und hinten entspricht. Auch bei den Spiralbewegungen der Handwerks- und Haushaltstätigkeiten – beim Weben, Spinnen, Rühren, Wringen, Waschen etc. – können wir die Verwandtschaft mit diesen räumlichen Bewegungen beobachten. All diese Aktivitäten tragen zur Entwicklung der Intelligenz bei, wie jeder weiß, der sich mit Erziehung beschäftigt.

Ein weiterer wichtiger Aspekt ist die Tatsache, daß es eine «Lücke» zwischen den Nervenzellen gibt, nämlich die Synapsen, wo wir sozusagen an die geistige Welt angeschlossen sind. All dies legt uns nahe, daß wir Bewegungs-, Mal- und Zeichenübungen so aufbauen müssen, daß die geisteswissenschaftlichen Gesetzmäßigkeiten dabei berücksichtigt werden. Dann kann sich ein gesunder Atemprozeß zwischen dem Geistig-Seelischen der sich inkarnierenden Individualität und ihrem physischen Leib und Lebensleib vollziehen.

Außerdem ist der für unsere Sinne scheinbar leere Raum, in dem wir stehen, in Wahrheit von moralischen Kräften durchdrungen, die unsere Seele und unser geistiges Wesen tragen und nähren. Wir «leben» in diesen moralischen Kräften, wenn wir schlafen. Unsere Bewegungsübungen stellen den Kontakt zu diesen Kräften her, weil sie einen geistigen Bezug zu den übersinnlichen Bewegungen der Erde haben, mit denen wir uns im Schlaf verbinden.

I. Die Bewegungsentwicklung in den ersten sieben Jahren

Bei seiner Reise aus dem Bauch der Mutter durch den Geburtskanal erlebt das Baby zum ersten Mal seinen physischen Körper, und seine «Körpergeographie» prägt sich ihm anfänglich ein. Es wird durch das Ausdehnen und Zusammenziehen der Muskeln seiner Mutter ergriffen. In diesem Rhythmus wird der ganze Leib massiert, und die Nerven, die im Stammhirn enden, werden stimuliert. Jeder unserer Sinne trägt das Element des Tastens in sich. Die Gesamtheit aller Sinne ist eine Manifestation des physischen Leibes. In den Stunden während der Wehen der Mutter werden sie aktiviert, bereit für den Höhepunkt, wenn die Luft von draußen in die Lungen strömt und das Baby zu atmen beginnt. Die Stärke des ersten Schreis ist von großer Bedeutung, denn das Atemholen bewirkt, daß das Blut zum ersten Mal durch die Lungen strömt. Die Lungenflügel dehnen sich aus, und dadurch wiederum schließt sich die Öffnung zwischen den beiden Herzkammern (das foramen ovale). Die drei Blutgefäße der Nabelschnur verschließen sich, und das ganze untere System mit Leber, Milz, Nieren und deren Reflexen wird aktiviert. All dies vollzieht sich in Sekundenschnelle. Es nimmt daher nicht wunder, daß alle Beteiligten stets den ersten Schrei des Neugeborenen besonders erwarten. Im Mutterleib hat die Individualität des Kindes daran gearbeitet, einen lebenstüchtigen Körper als Bewußtseinsträger reifen zu lassen, und im Moment des ersten Schreis kulminiert dieser Inkarnationswille.

Es ist nicht so sehr das Geburtstrauma, das alle möglichen später auftretenden Probleme auslöst. Schließlich sind Kinder jahrtausendelang in allen möglichen schwierigen Situationen zur Welt gekommen. Was sich verändert hat, sind die Sinneseindrücke, die vom Moment der Geburt an auf ein Kind einströmen: Lärm, Radio, Fernsehen, Menschen, die kommen und gehen, der Staubsauger, der am Bettchen vorbeigezogen wird, Lichter, die an- und ausgehen, und das Rauschen und Rütteln der Waschmaschine. Wie sehr unterscheidet sich dies alles vom rhythmischen Herzschlag der Mutter und dem ruhigen Fließen ihres Blutes, was das Baby – laut neuerer Untersuchungen – im Uterus hört.

Man vergleiche einmal unsere heutigen Haushalte und ihre Geräusche mit einem Kinderzimmer, wie es im 19. Jahrhundert noch war. Dort waren während der ersten Tage nach der Geburt des Kindes die Vorhänge zugezogen. Sehr wenige Menschen nur durften das Kind bis zur Taufe besuchen, die sechs Wochen später stattfand. Das Zusammensein mit den Geschwistern war geregelt. Bis das Kind sein Köpfchen heben konnte, durften sie nur ab und zu kurz hereinschauen. Solche Bemerkungen sollen nicht bewirken, daß wir zu vergangenen Maßstäben, Gewohnheiten und Verhaltensweisen zurückkehren. Wir müssen uns vielmehr anhand solcher Schilderungen darüber bewußt werden, daß Elternschaft unser höchster Beruf ist und sehr viel mehr Wissen, Übung und Gedanken verlangt, als wir ihr im Moment zubilligen. Wenn man die kindliche Entwicklung nicht nur als leibliches, sondern auch als geistiges Geschehen auffaßt, entstehen neue Blickwinkel und vielfältige Möglichkeiten, aktiv zu werden. Plötzlich bekommt das Wickeln eine völlig neue Perspektive. Wenn man die häuslichen Gewohnheiten und den eigenen Lebensstil neu gestalten möchte, braucht man nicht alles des Kindes wegen zu verändern. Man muß nicht zum Diener des Kindes werden, jedoch bewußte Entschlüsse treffen, anstatt zu sagen: «Das Kind muß eben lernen, mit den Gegebenheiten zurechtzukommen.» Diesen Anspruch würde man ja auch nicht einem Erwachsenen gegenüber äußern.

Dieser Friede im letzten Jahrhundert erlaubte dem Kind, sich leiblich und seelisch den neuen Gegebenheiten anzupassen. Die Schädelknochen, die bei der Passage durch den Geburtskanal zusammengepreßt werden, müssen sich wieder lockern und ausdehnen, so daß die komplizierten Prozesse des Zellwachstums der Gehirnstruktur stattfinden können. Der kraniale Puls findet nun seinen Rhythmus, und der Kopf erlangt seine schöne runde Form, als Symbol der geistigen Welt, aus welcher die Seele stammt. (Im Kopf des Kindes geht es zu wie in einem Bienenkorb, was Wachstum und Entwicklung der

Nervenzellen im Gehirn betrifft.) Der gleichmäßige Tagesrhythmus, in den das Kind früher eingebettet war, war an sich schon ein heilender Vorgang. Das Baby von heute bekommt selten diese Ruhe zugebilligt, um sich von der Anstrengung der Geburt zu erholen. Es hat nicht die Zeit, seinen Leib zu durchdringen, ohne vom Lebenstempo unserer mechanischen Welt gestört zu werden. Eine genau beobachtende Mutter drückte dies folgendermaßen aus: «In ruhiger Umgebung sind Babys nach einiger Zeit glücklicher, fröhlicher, ausgeglichener und aktiver. Sie scheinen zu merken, wo sie sind. An Tagen, an denen zu viel um sie herum geschieht, sind sie leicht reizbar und unleidlich.»

Während der ersten Lebensmonate liegt das Baby auf dem Rücken. Aus dieser horizontalen Position schweifen seine Sinne nach außen in die Umgebung. Seine Augen verfolgen die Mutter im Raum, es schaut in die Richtung, aus der es Geräusche hört. Es braucht einen solchen festen Bezugsrahmen, um seine Erfahrungen miteinander verknüpfen zu können. Wenn man diese Position verändert, es zum Beispiel auf ein Kissen setzt, greift man in die Koordination der Wahrnehmungen des Kindes ein. Sinnvoller als die Körperposition zu verändern ist es, das Bettchen oder Laufställchen an einen anderen Ort zu stellen, um den Erlebnisraum des Kindes zu erweitern. Heutzutage legt man das Kind oft auf den Bauch, bevor es stark genug ist, aus eigener Kraft seinen Kopf zu heben und sich zu drehen. Dadurch kann es seine Arme aber nicht frei strecken und drehen und erlebt nicht die Freude am Greifen nach den Sonnenstrahlen oder am interessierten Betrachten der eigenen Hände. Das Kind zur Übung kurzzeitig auf den Bauch zu legen ist in Ordnung, nicht jedoch, es so tagsüber oder nachts schlafen zu lassen.

Es dauert neun Monate, bis das Kind die Schwere des eigenen Leibes überwinden kann. Kopf und Arme können dies zuerst. Dadurch, daß es seinen Kopf heben kann, gelingt es ihm, sich von der einen Seite auf die andere zu drehen. Allerdings – wie oft wird dem Kind diese Erfahrung genommen, den Kopf selbst heben zu können? Lange bevor die Muskeln kräftig genug sind, den Kopf zu halten, wird das Baby zu oft und zu lange aufrecht gehalten. Oder es schläft in einer Brusttrage ein, wobei der Kopf nach hinten hängt, das Gewicht des Kopfes auf den Schultern ruht und so an den Nackenwirbeln zieht.

In diesen neun Monaten bewegt sich das Kind mit Hilfe des Kopfes und der Arme. Oft wird diese Zeit verkürzt, indem man es anspornt, seine Beinchen zu gebrauchen, um sich selbst zu tragen. Man setzt es in Laufhilfen oder Babywippen. Dadurch gelangt das Kind zu früh in die vertikale Position. Man nimmt ihm die Zeit, die es braucht, um die Kontrolle über die Lage seines Körpers zu erlangen. Es lernt nicht die natürliche Wahrnehmungs- und Bewegungskoordination, die es in der horizontalen Lage entwickeln sollte.[7]

Es ist tatsächlich ein dramatischer Moment, wenn das Kind schließlich aus eigener Kraft all seine Muskeln so beherrscht, daß es seinen Körper im Raum aufrichten und die ersten Schritte auf dieser Erde gehen kann. Das ist eine große Errungenschaft. Der «sich aufrichtende Mensch», der die Schwerkraft überwindet, verkündet die einzigartige Position des Menschen in der gesamten Schöpfung. Er kann sich frei im Raum bewegen, nach rechts, nach links, nach vorn und nach hinten, kann nach oben und unten schauen. Die Schritte, die aufrechte Position zu erlangen, sind sehr wichtig, wenn der Leib später Fähigkeiten ausbilden soll. Die spontane Koordination von Knochengerüst, Muskeln und Nerven erlaubt ihm in der weiteren Folge, mit Gegenständen zu hantieren, seine Sinneseindrücke zu speichern und wiederzugeben, zum Beispiel so, wie es beim Schreiben, Lesen und abstrakten Denken gefordert wird.

Zur räumlichen Orientierung, zum aufrechten Stand im Raum sind Robben (auf dem Bauch liegend, streckt das Kind eine Hand nach vorn, schaut nach ihr und drückt mit der inneren Seite des entgegengesetzten Fußes auf den Boden) und Krabbeln (das Kind bewegt sich auf Händen und Knien durch den Raum) notwendig. Beim Robben streckt sich das Kind selbst in die Schwerkraft seines Körpers. Das Krabbeln ist notwendig, um die volle Integration des Zentralnervensystems zu erlangen, das uns unsere körperliche und räumliche Wachheit widerspiegelt.

Nachdem das Kind die Aufrechte erlangt hat, benutzt es eine Zeitlang die rechte und linke Seite gleichermaßen. Es wiederholt auf einer anderen Stufe das frühere Hin- und Herrollen von einer auf die andere Seite. Es geht also durch eine vorübergehende Phase der Beidseitigkeit, da die Natur eine Art Schutzwand zwischen die rechte und linke Körperhälfte errichtet hat. Wir können das an einem Vierjährigen sehen, der sein Flugzeug fliegen läßt. Wenn seine Hand die

Körpermitte erreicht, nimmt er automatisch die andere Hand, um das Flugzeug weiterfliegen zu lassen. Dies ist die sogenannte *Mittellinie*, die beide Hände aktiv sein läßt, jede auf der entsprechenden Seite. Auf diese Weise werden beide Hirnhemisphären strukturiert. Während dieser Zeit sind viele Eltern enttäuscht und denken, ihr Kind sei Linkshänder. Oft hilft man den Kindern nicht konsequent, die rechte Körperseite beim Ankleiden zuerst anzuziehen, den rechten Arm zuerst in den Ärmel zu stecken, den rechten Schuh zuerst anzuziehen. Weil die bloßen Bezeichnungen Verwirrung auslösen können – das Wort «recht» wird auch im Sinne von «richtig» gebraucht –, sind viele Kinder in dieser Zeit irritiert, und manche bleiben deshalb beidseitig. Ob die Kinder später wirklich noch beidseitig sind, können wir beim Vergleich der einfachen *Dominanzuntersuchung* mit dem *Seitigkeitstest* herausfinden. Diese undefinierte Seitigkeit ist die Grundlage für eine gekreuzte Dominanz, die Lernfähigkeiten behindern kann.

Die *Dominanz*, der bevorzugte Gebrauch einer Körperseite, erlangt ein Kind etwa mit dem siebten Lebensjahr. In dieser Zeit gibt es einen Wachstumsschub in der linken Hirnhemisphäre, und beide Hälften haben dann ihre ganzheitlichen und lokalisierten Funktionen entwickelt. Der Mensch kann sie so gebrauchen, wie es seine jeweilige Beschäftigung verlangt. Die Konzentrationsspanne wird nun länger, die Vorstellungskraft im Zusammenhang mit der Sprache entwickelt sich, und wirkliches soziales Spiel beginnt.

Der letzte Schritt in der Bewegungsentwicklung ist vollzogen, wenn sich «alles» bewegt. Das Wachstum nimmt schnell zu, Arme und Beine erhalten eine harmonische Proportion im Verhältnis zum Rumpf, der Kopf (früher übergroß im Verhältnis zum restlichen Körper) ruht auf den Schultern. Das Kind kann mit dem Arm über den Kopf das entgegengesetzte Ohrläppchen berühren, ein Zeichen, daß Seele und Geist die unteren Gliedmaßen durchdrungen haben und damit die Glieder normal proportioniert wachsen. Der dreigliedrige Körperaufbau ist nun sichtbar. Das Kind hat seinen Weg in den Leib hinein gefunden.

Das Kind hat nun von seinem Leib Besitz ergriffen. Das zeigt sich darin, daß die Milchzähne des ererbten Leibes herausgestoßen werden und statt ihrer die eigenen, individualisierten Zähne durchkommen. Um das siebte Lebensjahr herum ist der Leib «schulreif». Die

Individualität des Kindes kann nun von ihm erwarten, daß er die Fähigkeiten hervorbringt, mit denen es lernen möchte: Raumorientierung, Bewegungskoordination und die Möglichkeit, seine visuelle Wahrnehmung ständig zwischen Zweidimensionalität und Dreidimensionalität wechseln zu lassen. Dies alles sollte unbewußt funktionieren und so dem Kind zur Verfügung stehen.

Diese Fähigkeiten entwickeln sich aus den Bewegungserfahrungen des Kindes im Bezug zu seinem eigenen Leib und der Umgebung. Dazu gehört auch das Wiedergeben der dreigliedrigen Leibesgestalt beim Zeichnen und die gefestigte Dominanz. Sie sind die Früchte der ersten sieben Lebensjahre und die Grundlage, auf die sich der Lehrer stützen muß, wenn das Kind lernen soll.

II. Wie durchdringe ich meinen Leib?

Wie durchdringe ich meinen Leib – dies ist die unausgesprochene Frage, die jedes Kind seinen Eltern und Lehrern stellt. Sie antworten ihm durch ihre eigenen Bewegungen, Gesten und Haltungen. Gewissenhaft ahmt es diese alle nach, bis sie Teil seiner selbst geworden sind. Wenn man beobachtet, wie ein drei- oder vierjähriges Kind hinter seiner Mutter hergeht, kann man sehen, mit welcher Liebe und inneren Aufmerksamkeit es sein Vorbild wiedergibt. Nun beobachte man im Vergleich dazu eine Gruppe von heimkehrenden Schulkindern. Manche hüpfen auf ihren Ballen, wobei die Fersen selten den Boden berühren, andere stampfen mit Plattfüßen voran. Man sieht herausstehende Hinterteile, eingedrehte Zehen und unrhythmische Bewegungen. Andere Kinder schreiten fest und vertrauensvoll in sicherem Rhythmus daher. Sie gestalten nach und nach durch die Kraft ihrer Persönlichkeit die nachgeahmten Muster um und drücken ihre eigenen noch schlummernden Begabungen aus.

Wenn die Schulkinder vor allem noch in nachgeahmten Bewegungen leben und nicht stark genug sind, sich davon zu befreien, paßt ihr Körper nicht zu ihnen, sondern wird zu einer Last, die sie herumschleppen müssen. Die Tests im folgenden Kapitel vermitteln uns ein Bild des Kindes, wenn es sich in einem solchen Zustand befindet.

Wie durchdringen wir unseren Leib? Wir können uns ein Bild davon machen, wenn wir beobachten, wie jemand wach wird. Plötzlich wissen wir, daß derjenige wach ist. Man hat eine kaum wahrnehmbare Bewegung gefühlt. Dann streckt sich der Mensch, hebt seinen Kopf oder seinen Arm und spricht vielleicht. In diesen Bewegungen, der Abfolge von Strecken – Aufrichten – Sprechen, sehen wir, wie ein Erwachsener in seinen Leib gleitet und ihn ergreift. Im Moment der

Geburt sind Streck- und Aufrichtegebärde eins. In den ersten drei Lebensjahren folgen sie in rhythmischem Ablauf aufeinander. In den wenigen Sekunden an jedem Morgen wiederholen wir die Errungenschaften unserer ersten drei Lebensjahre.

Sobald das Kind seinen Kopf bewegen und seinen Blick richten kann, streckt es seine Hand aus, um zu greifen, was es sieht. In diesen streckenden und greifenden Handbewegungen koordiniert es die Augen mit der Raumorientierung: Es «streckt» oder breitet seinen Weg in die es umgebenden Sinneswahrnehmungen aus. (Dadurch, daß wir die Sinneswelt ergreifen, gelangen wir in die Schwerkraft und das Gewicht unseres physischen Leibes.) Das Kind imitiert Form und Tätigkeit. Seine individuellen Reaktionen – Schmerz, Freude, Zweifel, Furcht – spiegeln sich als innere Gesten wieder, die in seinem «Aufrichtesystem» festgehalten werden. Jedes Kind hat seinen eigenen individuellen Moment, in dem es ihm gelingt, die Schwerkraft zu überwinden, aufrecht zu stehen und vorwärts zu gehen. Dies ist eine enorme Willensäußerung. Beim Aufrichten, Gehen und Tanzen bezwingt unser Wille das Gewicht unseres physischen Leibes und all dasjenige, was seine ererbte Form, Nachahmung und Umgebung aus ihm gemacht haben. In den Streck-Greif-Bewegungen und den Aufrichtebewegungen sehen wir die Wirkung der Sinneseindrücke und die individuelle Willensreaktion zusammenkommen.

Eine Flut von Sinneseindrücken umgibt das Kind von Geburt an; viele jedoch gehören nicht zur natürlichen Erfahrungswelt eines Kindes – zum Beispiel die Wiedergabe von «Bildern», die ohne Kontrolle beim Fernsehen und bei schnellem Autofahren erscheinen und verschwinden. Diese Probleme werden noch größer durch die Videokassetten, die Kinder oft unkontrolliert ansehen, und durch Computereinsatz in der Schule und sogar im Kindergarten. Solche Dinge rufen in der Gefühlswelt des Kindes starke Reaktionen hervor, innere Rückzugsgesten können das Resultat sein. Diese graben sich als versteckte «Gewohnheitsmuster» in das Aufrichtesystem ein,[8] in diesen Teil der Muskulatur, der auf Sinneseindrücke reagiert. Diese innerlich in den Muskeln festgehaltenen Gesten stellen sich den integrierten Bewegungen in den Weg. Das Kind fühlt die Frustration seines Willens und versucht einen Ausweg entweder durch Vermeidungs- oder Kompensationsverhalten zu finden. Gekreuzte Dominanz, Linksseitigkeit oder Verhaltensprobleme können daraus hervorgehen, bis schließlich Mißerfolg im Entwickeln von Fähigkeiten die Erwachsenen auf seine Schwierigkeiten aufmerksam macht. Unser jetziger Lebensstil betont die Streckgebärden besonders; frühes intellektuelles Lernen, das auf Koordination der Sinneseindrücke und schnellen Reaktionen beruht, wird angespornt – all dies beeinträchtigt die Entwicklung der räumlichen Beziehungen und ihren inneren Zusammenhang mit den *konvexen* und *konkaven Spiegelprozessen*, in welche der Wille des Kindes aktiv eingreifen sollte.

Wir sehen diese konvexen und konkaven Spiegelungen in der Schrift des Kindes, wenn es die Buchstaben umdreht oder auf den Kopf stellt. Schauen wir uns an, wie diese Spiegelungen in unserem Alltagsleben auftauchen:

Wir gebrauchen konvexes lineares Spiegeln, wenn wir einer Person eine Landschaft beschreiben – wir geben die Lagebestimmungen so, wie sie unserem eigenen Bezug zu rechts und links entsprechen. So erscheint auch unser Spiegelbild auf der Rückseite eines Löffels, den wir vor uns halten (also auf einer konvexen Fläche).

Wenn jedoch ein Mensch in der Landschaft einen Korb in der Hand hält, dann benennen wir die Hand, in der er den Korb hält, bezogen auf *seinen* Körper, das heißt, wir kreuzen in unserem Blick: Das ist konkaves Spiegeln im dreidimensionalen Raum. Jetzt drehen wir den Löffel herum (so daß er eine konkave Fläche bildet) und erleben eine Überraschung: Unsere rechte Hand erscheint auf der linken Seite, die linke rechts, und wir stehen auf dem Kopf! Die Willenskraft des Menschen scheint im Visuellen dieses aufgenommene Bild richtig herum drehen zu können, wenigstens im dreidimensionalen Raum. Wenn wir zum zweidimensionalen Raum kommen, das heißt, wenn wir den Löffel im rechten Winkel an ein Blatt Papier halten, dann entsteht eine noch kompliziertere konkave Situation: Im Zentrum unseres Löffels werden Form und Bewegung wiedergegeben (nicht gespiegelt) und erscheinen nicht verkehrt herum, aber im gebogenen Teil des Löffels teilt sich eine vertikale Linie plötzlich in links und rechts.

Wir sind ständig damit beschäftigt, diese zwei- und dreimensionalen Spiegelungen sowohl konvexer als auch konkaver Art durch innere Willensanstrengung dem Inhalt unseres Seelen- und Gedankenlebens anzupassen. Als Erwachsene tun wir das erfolgreich. Das Kind jedoch wird manchmal von komplexen Sinneseindrücken überflutet. Es kämpft, um mit ihnen fertig zu werden. Es verdreht dann die Buchstaben und kehrt Reihenfolgen um wie im Dyslexischen Syndrom (Legasthenie), weil es die konvex-konkave Willensaktivität nicht auf den zweidimensionalen Raum richten kann.

Es ist sehr bedeutungsvoll, wenn eine Linie senkrecht auf ein Blatt Papier gezeichnet wird. Da entsteht sofort eine Links-Rechts-Situation. Wenn wir eine waagrechte Linie ziehen, teilen wir den Raum in unten und oben. Beides sind konvexe Situationen. Wenn man aber eine diagonale Linie verwendet, dann kommt die zweifache Natur der konkaven Situation zustande, auf welche unsere Willensanstrengung eine persönliche innere Reaktion finden muß, im Gegensatz zu den konvexen Eindrücken, die wir passiver empfangen können. Das Auge kann sich in seiner Höhle von links nach rechts, von oben nach unten und in einem Kreis bewegen. Dies können wir im Zweidimensionalen wiedergeben. Um es aber in die perspektivische Bewegung von nah und fern zu bringen, müssen wir unser Gliedmaßensystem benutzen; dadurch stellen wir das Auge auf Nähe und Ferne ein. Dem entspricht die diagonale Linie im zweidimensionalen Raum.

Wenn wir die Bewegungen der Kinder beim Malen, Zeichnen und Schreiben beobachten, bemerken wir, wie das Überstimulieren des «Streckelementes», das zum Umgang mit äußeren räumlichen Eindrücken gehört, so stark auf das «Aufrichtesystem» drückt, daß sich viele natürliche Bewegungen des Willenselementes umgekehrt haben.

Die Übungen an sich, die im folgenden beschrieben werden, lassen die richtigen Bewegungen und Richtungen entstehen, weil sie auf der archetypischen Bewegungsbeziehung zwischen Seele und Geist einerseits und Lebensleib und physischem Leib andererseits beruhen. Das Kind entdeckt sie durch seine eigene Aktivität und fühlt sich in seinem Vertrauen und Selbstwert gestärkt. Auf dieser Grundlage kann Fähigkeit heranreifen.

III. Kinder mit Schwierigkeiten im Schreiben, Lesen und Rechnen

Jede Woche treffen sich die Lehrer einer Waldorfschule zum Studium der pädagogischen Vorträge Steiners. Sie vermitteln dann ein Bild der Kinder in ihren Klassen, nicht nur derjenigen, die ihnen Sorge bereiten, sondern auch solcher, deren Arbeit und Entwicklung dem Lehrer Freude machen. Abgesehen von unerwarteten Ereignissen – wenn ein Kind in der Familie einen Unfall oder einen Todesfall erlebt hat – wissen die Lehrer jede Woche im voraus, über welches Kind gesprochen wird, so daß sie dieses Kind in der Schule beobachten können. Möglicherweise steht ein Klassenfoto zur Verfügung, damit man sich das Kind besser vor Augen führen kann. Der Klassenlehrer oder der Klassenbetreuer für die oberen Klassen bereitet eine kurze Biographie seines Schülers vor und sammelt wichtige Informationen der Fachlehrer. Dies alles stellt er in der Konferenz dar und läßt Epochenhefte oder andere interessante Arbeiten des Kindes herumgehen.

Nach dieser Vorstellung beschreibt der Schularzt die Konstitution des Kindes, und andere Lehrer fügen ihre Beobachtungen hinzu. Auf diese Weise werden nach und nach alle Schüler von der Lehrergemeinschaft bewußt wahrgenommen, und es entsteht der seelische Halt, den die Kinder für ihre Entwicklung brauchen. In vielen Fällen kann dies, zusammen mit medizinischer Unterstützung, ausreichen, um einem Schüler über eine schwierige Phase hinwegzuhelfen. Zum Beispiel wurde ein Junge in der sechsten Klasse sehr auffällig und störte ohne äußerlich erkennbare Ursache. Der Klassenlehrer beschrieb eine rötliche Färbung um seine Augen herum, keine Entzündung, aber es sah aus, wie wenn der Junge geweint hätte. Der Schüler wurde zum Schularzt geschickt. In der Kinderbesprechung erklärte der Arzt, daß der Herzschlag des Jungen etwas schneller als üblich war. Er verschrieb

Aurum in einer Potenz und Rosmarinbäder für seine Konstitution. Nach einer Weile normalisierte sich sein Verhalten wieder.

Viele Konstitutionsprobleme, wie Asthma oder Verstopfung, kann man mit Heileurythmie sehr gut behandeln,[9] während körperliche und auch seelische Probleme durch künstlerische Aktivitäten und Kunsttherapie gebessert werden können.

Eine grundlegende Anforderung an Waldorflehrer besteht darin zu beobachten, welche Kinder in ihrer Klasse großköpfig oder kleinköpfig sind. Bei einem Hutspiel kann man sehr schnell herausfinden, welche Kinder zu welcher Kategorie gehören. Ein normaler Kinderhut, der den meisten gut paßt, ist viel zu eng für die Großköpfigen und rutscht andererseits den Kleinköpfigen in die Stirn. Dies gibt uns einen Hinweis auf die angeborene Disposition und die Konstitution der Seele im Zusammenhang mit dem Leib. Das großköpfige Kind ist enger mit dem Seelisch-Geistigen verbunden. Das kleinköpfige Kind geht eine stärkere Beziehung mit dem Lebensleib und dem physischen Leib ein. Beide Konstitutionstypen können durch die Stärke oder Schwäche des individuellen Lebensleibes abgemindert oder verstärkt werden. Hier kann sich der Lehrer auf die Erfahrung des Schularztes stützen, um diese subtilen Aspekte der Konstitution des Kindes differenzieren zu können.

Für unsere Zwecke genügt es festzustellen, daß ein großköpfiges Kind für gewöhnlich ein reiches Vorstellungsleben hat und im allgemeinen künstlerisch begabt ist. Es sieht beim Lesen das ganze Wort und bemerkt die einzelnen Buchstaben nicht, weshalb ihm das Buchstabieren eher schwerfällt. Das kleinköpfige Kind verfügt über ein stärker logisches Denken und ist mit seinen Gliedmaßen geschickt. Es bemerkt die Details und kann buchstabieren, aber versteht manchmal den Inhalt dessen, was es liest, nicht so gut. Daraus ist leicht ersichtlich, daß bei einem zu starken oder einem zu schwachen Einatmen des Seelisch-Geistigen das normale Gleichgewicht dieser Konstitutionstypen gestört wird und Lernprobleme entstehen können. Bei beiden Kindertypen zeigt sich an der Art, wie sie schreiben, ob sie motorische Probleme haben. Die Buchstaben des großköpfigen Kindes bleiben dann groß, schlecht plaziert und etwas zittrig. Das kleinköpfige Kind tendiert dazu, seine Buchstaben dicht aneinanderzusetzen, es benutzt kleine Buchstaben und drückt beim Schreiben zu fest auf.

Wenn Buchstaben verdreht werden und Worte eigenartig buchstabiert werden, dann ist die Abfolge der konkaven und konvexen Spiegelungen gestört. Beide Kindertypen zeigen dann die klassischen dyslexischen Symptome in der Verwirrung der Zeichen und haben Mühe, die Laute den Symbolen zuzuordnen.

Was dieses Bild des gestörten Einatmungsprozesses zwischen Geistseele und Lebensleib noch verkompliziert, sind Druck aus der Umgebung, schwierige familiäre Bedingungen, eine gestörte Mutter-Kind-Beziehung oder Trennungssituationen. Emotionale Probleme beeinträchtigen dann das Lernen.

Ein weiterer Faktor, der in der Gesamtsituation eine Rolle spielt, sind die unvollendeten Entwicklungsstufen des ersten Jahrsiebts. Vor allem noch vorhandene unreife Bewegungsmuster und eine nicht überwundene Beidseitigkeit beeinträchtigen die Körperhaltung und das Schreiben sehr.

Bei all den verschieden Symptomen, auf die man stoßen kann, ist es meine Erfahrung, daß vor allem die letzte Entwicklungsstufe des ersten Jahrsiebts nicht ausreichend abgeschlossen wurde, nämlich das Einprägen des Körperbildes und der Erwerb der räumlichen Orientierungsfähigkeit. Beides ist nötig, um eine feste Basis der Selbstidentifikation aufzubauen, die so wesentlich für das Lernen ist und später für ein harmonisches Durchschreiten der Neunjahreskrise sorgt.

Wenn wir an einem Kind im Klassenraum eine der folgenden Auffälligkeiten beobachten, dann ist es notwendig, daß wir es genauer untersuchen, um ihm besondere Hilfen für seine Schwierigkeiten geben zu können:

- Ein Kind ist ständig in Bewegung und stört die Klasse unaufhörlich.
- Es steht hilflos auf dem Hof herum und läßt zu, daß andere es anrempeln.
- Es stolpert und läßt Dinge fallen.
- Es rennt wild herum, stößt mit anderen Kindern zusammen, spielt aber nie mit ihnen.
- Es spielt lieber mit jüngeren Kindern.
- Es kann nicht leicht einen Ball fangen.
- Es stottert, läßt Silben aus oder wiederholt sie.
- Es kann keine Sätze bilden und findet nicht die Worter, die es braucht.

– Es kann nicht sauber schreiben und seinen Stift nicht bequem halten.

All diese Symptome, die mit Koordinations- und räumlichen Orientierungsproblemen und einer nicht abgeschlossenen Entwicklung des ersten Jahrsiebts zu tun haben, bedürfen sofortiger Beachtung, bevor eine psychologische Sekundärproblematik eintritt.

Die einfachste Möglichkeit der Diagnose ist, zu beobachten, ob das Kind seinen Stift mit der linken Hand nimmt und in die rechte gibt, um damit zu schreiben. Es hat dann bereits Mühe mit seiner Körpergeographie und der räumlichen Orientierung. Auch solche Kinder – wie die oben erwähnten –, brauchen sofort Hilfe, damit Fähigkeiten sich auf normale Weise ausbilden können.

Diese Kinder werden oft von der Lehrerkonferenz zum Förderlehrer geschickt. Darum werden in der folgenden «Stunde» dem Schüler eine Reihe von «Fragen» gestellt, die sich auf seine Entwicklung im ersten Jahrsiebt und auf die entsprechenden Lerngrundlagen beziehen.

IV. Die erste Extrastunde

Eine gute Augen-Hand-Koordination, die auf rhythmischer Bewegung fußt, bildet die Grundlage des Schreibens. Wir wissen, daß sich das Lesen in den winzigen Pausen zwischen den Augenbewegungen ereignet. In diesen Momenten werden die Buchstabenformen, die durch die Bewegungen der Augen nachvollzogen werden, festgehalten und aufgenommen. An diesem Bewegungsprozeß ist der gesamte Körper beteiligt. Im anschließenden Zusammenspiel der Nervenzellen und Synapsen wirken sowohl physischer und ätherischer Leib als auch Astralleib und Ich mit, und zwar in Form von innerer Spiegelungstätigkeit. Wir müssen uns ein Bild davon machen, ob das Kind diese subtilen Abläufe beherrscht und sich darin heimisch fühlt.

Aus diesem Grund ist die erste Extrastunde als eine Abfolge von «Fragen» geplant. So untersuchen wir den Schüler hinsichtlich seiner *Seitigkeit*, wenn wir ihn bitten, uns folgende Bewegung nachzumachen: Wir werfen einen kleinen Ball mit der rechten Hand von außen unter dem rechten Bein durch und fangen ihn mit der linken Hand. Mit dieser werfen wir ihn unter dem linken Bein durch und fangen ihn wieder mit der rechten Hand. Wir schauen, ob der Schüler diese Bewegungsabfolge einige Male hintereinander durchführen kann. Mit anderen Übungen wollen wir wissen, ob das Kind das *konvexe und konkave Spiegeln* beherrscht – als Zeichen der Raumesbeherrschung ab dem neunten Lebensjahr. Es folgen subtile «Fragen» nach der Augen-Hand-Sprach-Koordination und der Integration des posturalen Systems (des Eigenbewegungs- und Gleichgewichtssinns), die wir zum Beispiel im Händigkeitstest untersuchen.

Wir gehen so vor, daß wir das Kind durch unsere eigene Bewegung anregen und nicht nur verbal zu den Übungen auffordern. Auf diese Weise erweitert sich die Fragesituation zu einer wirklichen Förderstunde. Nur für das *Kreuz* (s. S. 34 ff.) und den Test der *Farbneigung des Auges* (S. 47 ff.) gilt das nicht. Alle anderen Übungen aber enthalten zugleich ein therapeutisches Element.

Unser Ziel ist es, daß das jüngere Kind die Stunde mit dem Gefühl verläßt, etwas erreicht zu haben, eigene, bislang unbekannte Fähigkeiten entdeckt zu haben. Es sollte Interesse verspüren, sich weitere Fähigkeiten durch Üben zu eigen zu machen. Der ältere Schüler sollte merken, daß seine Schwierigkeiten erkannt werden und daß ihm in der Extrastunde geholfen wird. Wir selbst bekommen ein Bild vom Wesen und von der Geschicklichkeit des Kindes im Zusammenhang mit seiner Entwicklung im ersten Jahrsiebt. Diese Wahrnehmungen können die wöchentlichen Kinderbesprechungen bereichern.

Ursprünglich richtete sich der Aufbau der Stunden an Kinder ab dem elften Lebensjahr. Heutzutage erkennt man potentielle oder schon manifeste Lernprobleme früher. Daher wird für einige der «Fragen» und für die allgemeinen Übungen das entsprechende Alter angegeben. Alle Übungen können aber auf jeden Fall von elf Jahren an gemacht werden.

Nachdem das Anfangsprogramm vorbereitet und angewandt wurde, kann eine weitere Kinderbesprechung andere notwendige Hilfestellungen, wie zum Beispiel Heileurythmie oder Kunsttherapie, nahelegen.

Zu gegebener Zeit während der Stunde bitten wir das Kind, etwas zu schreiben. Die unten aufgelisteten Punkte kann der Lehrer nach seinem eigenen Ermessen durchführen:

1. «Schreibe deinen Namen oben auf das Blatt!» Die meisten Kinder können das.
2. «Schreibe deine Adresse!» Manche Kinder sind dazu in der Lage. Man beobachte den Gesichtsausdruck des Kindes: Wirkt es ängstlich oder verbissen?
3. «Welchen Tag, welchen Monat haben wir heute?» Nur wenige werden das wissen. Viele Kinder sind ungenügend mit Tageslauf, Wochenabfolge und Jahreslauf verbunden.
4. «Ziehe eine Linie in der Mitte des Blattes nach unten!» Der Lehrer bittet das Kind, auf eine der beiden Seiten ein Kreuz zu zeichnen. Das Kind wählt selbst, welches Kreuz es sein soll.

Man beobachte, ob die Armbewegung frei ist oder ob sich das Kind mit dem gesamten Oberkörper nach hinten bewegt, um die Linie zu ziehen. Auf der unbenutzten Seite können wir dem Kind einige Wörter diktieren. Wenn es das nicht kann, werden wir ihm die Wörter buchstabieren und beobachten, wie es die Buchstaben formt: ob es sie korrekt verbindet und ob es kurze, unbetonte Vokale registriert.

Man schaue nach umgedrehten und gespiegelten Buchstaben. Wenn das Kind sich weigert, werden wir es nicht zwingen. Wir brauchen seine Energie und sein Interesse für andere Dinge!

Warum soll das Kind ein Kreuz zeichnen? Wenn das Kind im allerersten Malstadium auf das Papier kritzelt und zeichnet, drückt es damit die in ihm wirksamen Kräfte aus, aus welchen sein Bewußtsein erwächst. Wenn wir die Dynamik der ersten Kinderzeichnungen verfolgen, sehen wir folgende Entwicklung: «Vom ersten Wirbelknäuel bis zur Kreisform, vom ersten sich verwebenden Pendeln bis zur Kreuzung sind wir den zeichnerischen Spuren gefolgt. Es ist ein Weg vom freirhythmisch Schwingenden bis zum abstrakt Geometrischen, vom strömend Werdenden bis zum zaghaft Geformten ... [dann] setzt es den Punkt in den Kreis ein und erweitert das Kreuz zum Stern.»[10]

Wenn das Kind das Blatt mit einem senkrechten Strich teilt, erfahren wir etwas über seine Beziehung zwischen rechts und links. Welche Seite wählt es für das Kreuz? Die linke Seite deutet an, daß das Kind über die Möglichkeit verfügt, sein Wahrnehmen und sein Handeln miteinander zu verbinden. Ein Kreuz auf der rechten Seite kann bedeuten, daß es in dieser Hinsicht Schwierigkeiten hat, Konzentrationsausfälle zum Beispiel, unter denen es mehr als andere Kinder leidet.

Das im obigen Zitat erwähnte «Sternstadium» zeigt sich im vertikalen und diagonalen Kreuz. Später, wenn die ersten Häuser gezeichnet werden, treten diese Sternformen getrennt auf. In den Fenstern erscheint zuerst ein diagonales Kreuz (das Andreas-Kreuz). Hier werden die Lebensprozesse durch das erwachende Bewußtsein ergriffen. Danach nimmt das vertikale Kreuz diesen Platz ein. So zeigt sich uns die nächste Entwicklungsstufe innerhalb des «Hauses», in der die Wahrnehmung des strukturellen Leibes entsteht, dessen Skelett, Muskeln und Nerven uns aufrechthalten.

Mit sieben Jahren zieht sich die Dynamik der Lebenskräfte aus dem physischen Leib zurück, und wir können anhand des Kreuzes, das das Kind wählt, sehen, wo sein Bewußtsein tiefer verankert ist. Das vertikale Kreuz sagt uns, daß sein visuelles Bewußtsein in der Orientierung zwischen rechts und links, oben und unten wach ist. Dieses Kind wird schnelle Bewegungsreaktionen haben. Die Wahl des diagonalen Kreuzes bedeutet dagegen, daß das Kind noch von den Lebensprozessen zurückgehalten wird und stärker in der Zweidimensionalität des Raumes zu Hause ist (z. B. in der Beziehung zwischen oben und unten). Es reagiert langsamer auf seine Wahrnehmungen. Ein Kind, das auf die linke Blatthälfte ein vertikales Kreuz zeichnet, ist schnell genug, einen fallenden Gegenstand zu fangen, erkennt aber die Ursache des Falls eventuell nicht, während ein Kind, das auf die linke Seite ein diagonales Kreuz zeichnet, das Geschehen erklären kann, aber vermutlich nicht schnell genug ist, um ohne große Willensanstrengung einzugreifen.

Viele unserer Schüler werden das Kreuz ihrer Wahl wahrscheinlich auf die rechte Seite setzen. Dies zeigt, daß Hindernisse, die aus ihrem Organismus kommen, den Weg von der Wahrnehmung zur Bewegung blockieren. Wir können sehr froh sein, wenn ein Kind endlich die linke Seite wählt. Unsere Arbeit hat dann gewirkt. Sehr selten ändert sich dagegen die Art des Kreuzes.

Wenn der ganze Körper bewegt wird, um die Linie zu ziehen, und in anderen Übungen weitere Symptome auftreten, können wir strukturelle Probleme vermuten.

Hatte das Kind eine schwierige Geburt, hat es Unfälle oder häufige Stürze erlebt, können wir annehmen, daß subtile strukturelle Probleme die Grob- und Feinmotorik sowie die Lernfähigkeit beeinträchtigen. Der Schularzt kann dann das Kind einem Physiotherapeuten oder einem Cranioostheopathen (eine Methode, die von William Garner, Sutherland, entwickelt wurde) zur genaueren Diagnose überweisen.[11]

Auch wenn die strukturellen Mängel angegangen werden, muß die Ausbildung und Korrektur des körperlichen Bewegungssystems unterstützt werden. Dazu dienen die Übungen dieses Buch wie auch Bothmergymnastik und spezielle heileurythmische Übungen. Heileurythmie dient ebenfalls zur medizinischen und psychologischen Behandlung von schlechter Körperhaltung wie Wirbelsäulenverkrümmung und Knocheneinsenkung.

Diese hier dargestellten Probleme kündigen sich bereits bei

Kindern im Vorschulalter an, wenn sie folgende Schwächen oder Auffälligkeiten aufweisen:

1. Der Muskeltonus in den Gliedern ist schlaff.
2. Die Kinder sitzen mit gespreizten Beinen in W-Stellung.
3. Verhaltensprobleme treten in Gruppensituationen auf; es wird mit Boxen und Zwicken kommuniziert.
4. Die Kinder sind unfähig, sich zu konzentrieren, zuzuhören und nachzuahmen.

All diese Faktoren resultieren aus mangelnden geeigneten Bewegungserfahrungen in der frühen Kindheit, wie sie in den vorangegangenen Kapiteln beschrieben wurden.

Klassenlehrer sollten sich mit den Kindergärtnerinnen austauschen, ob ein Kind sich nur schwer auf schulische Arbeitssituationen einlassen kann. Wenn ein Kind im Kindergarten sehr glücklich und unbeschwert war, nun aber in der Schule Verhaltensprobleme aufweist, können wir Unreife vermuten, auf die man schon früher hätte aufmerksam werden können.

In der ersten Extrastunde achten wir auf die im folgenden dargestellten Gesichtspunkte, um festzustellen, ob die Entwicklungsstadien des Kindes abgeschlossen worden sind. Viele dieser Übungen – vor allem diejenigen, die auch therapeutisch wirksam sind – werden in den darauffolgenden Extrastunden, ebenso im Schulaufnahmeverfahren sowie in Klassensituationen angewandt (siehe Seite 64 f.).

1. Einfache Dominanz (ab 7 Jahren)

Dominanz ist der bevorzugte Gebrauch einer Körperseite. Die meisten von uns wählen die rechte Seite. Wir sind normalerweise Rechtshänder, «Rechtsfüßer» und «Rechtsäuger». Bei der Geburt sind wir allerdings beidseitig. Die Dominanz reift langsam heran. Wenn das Nerven-Sinnes-System überstimuliert wird oder nicht die richtigen Entwicklungsbedingungen vorfindet, ist es möglich, daß sich eine normale Rechtsdominanz auf die andere Seite verlagert. Zum

Beispiel kann so die Dominanz vom rechten zum linken Auge oder vom rechten zum linken Fuß hinüberwechseln. Linkshändigkeit ist ein drastischer Dominanzwechsel, der mit einer rechten Dominanz bei Auge oder Fuß noch zusätzlich verkompliziert werden kann. Im Zusammenhang mit Lese-Rechtschreib-Problemen trifft man oft auf eine gekreuzte Dominanz. Wenn das Kind Rechtshänder ist, können wir ihm helfen, die Dominanz vom linken Auge oder vom linken Fuß auf die andere Seite zu legen. Das gleiche gilt für den Linkshänder. Eingriffe in die Dominanz dürfen aber nur unter entsprechender ärztlicher Begleitung vorgenommen werden und müssen mit den Eltern abgesprochen und von ihnen überwacht werden.

Wenn wir die Dominanz eines (siebenjährigen) Kindes untersuchen, bitten wir es zuerst, ein zusammengerolltes Papier als Fernrohr zu benutzen und durch diese Röhre ein Bild zu betrachten. Mit welcher Hand greift es nach dem Fernrohr, zu welchem Auge wird es geführt? Man bitte das Kind, mit dem anderen Auge durchzuschauen. Sieht es ebensoviel? Hält es das Fernrohr mit derselben Hand gleich ans andere Auge, oder nimmt das Kind es zuerst in die andere Hand?

Ausgereifte Dominanz: Die rechte Hand geht zum rechten Auge – oder: die linke Hand zum linken Auge.

Gekreuzte Dominanz: Die rechte Hand geht zum linken Auge – oder: die linke Hand zum rechten Auge.

Man teste die Dominanz noch einmal. Das Kind soll ein Auge zumachen. Hält es das Auge mit der Hand zu, oder kann es das Auge zukneifen?

Manche Kinder scheinen nicht zu bemerken, daß sie zwei Augen haben. Wenn sie durch das Fernrohr schauen sollen, halten sie es an die Nasenwurzel und reißen die Augen weit auf. Das zeigt uns, daß sie noch nicht die Unabhängigkeit beider Augen realisieren, also noch auf einer früheren Entwicklungsstufe verharren.[12] Um das dominante Auge festzustellen, lassen wir das Kind durch ein kleines Loch in einer Postkarte auf eine Münze schauen, die vor ihm auf dem Tisch liegt. Es soll die Postkarte auf sein Auge zubewegen und dabei die Münze nicht aus dem Blick verlieren. An einem bestimmten Punkt werden diese Kinder zögern, bevor sie die Karte zum dominanten Auge führen. Dies ist ein allgemein üblicher Test für die Augendominanz.

Bei den Kindern, die die Unabhängigkeit der Augen noch nicht realisieren können, müssen wir den Einatmungsprozeß durch spielerische Übungen stärken, bei denen es aufs Zielen ankommt: Kegeln, Ringe über einen Stab werfen usw. Hilft das nicht, so kann der Schularzt heileurythmische Augenübungen verschreiben.

Die Fußdominanz kann auch folgendermaßen beobachtet werden: Wir bitten das Kind, auf einem Bein zu stehen – dabei kann schon eine gekreuzte Dominanz zum Vorschein kommen. Nun bitten wir das Kind, auf einem Bein zu stehen und dabei ein Auge zu schließen – oft wird der Fuß kurz gewechselt, doch dann wieder der ursprüngliche gewählt. Das zeigt uns, daß die Dominanz von oben nach unten nicht ausgereift ist und daß wir mit einem Gleichgewichtsproblem rechnen müssen.

Man kann das Kind auch bitten, auf einem Bein zu hüpfen, mit einem Fuß zu stampfen oder einen Ball zu kicken, der auf es zurollt. Wenn es all diese Aktivitäten mit einem Fuß durchführt, ist dies der dominante Fuß. Wechselt es die Füße, haben wir es mit einer nicht abgeschlossenen Dominanzentwicklung zu tun.

2. Koordination von Hand, Auge und Sprache (ab 7 Jahren)

Wir legen rote und blaue Perlen oder gefärbte Bohnen in einem gemischten Häufchen vor das Kind. Ein Glas steht rechts, eins links von ihm. Wir bitten nun das Kind, die Perlen zu sortieren, die roten in das rechte Glas, die blauen in das linke. Beobachten wir, welche der folgenden Methoden das Kind anwendet:

- wahlloses Sortieren
- eine Farbe wird zuerst aussortiert
- einige Perlen werden in eine Hand (welche?) genommen
- beide Hände sortieren abwechselnd.

An der Methode, die das Kind wählt, erkennen wir den Grad der Unsicherheit und Anstrengung in der Koordination. Wenn wir mit der Zeit mehr Erfahrung bekommen, können wir die feinen Gesten darin wahrnehmen. Hält das Kind die Perlen gierig oder ängstlich fest? Diese Beobachtungen können uns dafür vorbereiten, das Kind zum gegebenen Zeitpunkt durch ein aufmunterndes Wort oder die richtige Anekdote in seiner moralischen Entwicklung zu stärken.

Nachdem die Perlen sortiert worden sind, fragen wir das Kind, welche Farbe es lieber mag, und lassen es schätzen, wie viele Perlen von dieser Farbe im Glas sind. Oft weigert sich das Kind zu schätzen. Dann – egal, wie es sich verhalten hat – bitten wir es, die Perlen auf eine Hand zu kippen und einzeln laut zurück in das Glas zu zählen. Diese Anstrengung, zu sprechen und gleichzeitig eine Bewegung durchzuführen, kann große Seufzer auslösen – ein Zeichen, wie wenig ein Rhythmus durchgetragen werden kann. Manchmal eilt das Zählen der Bewegung voraus, oder die Bewegung überholt den Zählrhythmus. Jetzt fragen wir, wie viele Perlen wohl im anderen Glas sind. Meistens liegt das Kind mit der Antwort völlig daneben. Während dieser Übung zeigt sich, ob sie wiederholt durchgeführt werden muß.

3. Seitigkeitstest – Bezug zum dreidimensionalen Raum (ab 7 Jahren)

Für den Seitigkeitstest benötigen wir zwei weiße Plakate (50 cm x 75 cm). Auf ein Plakat zeichnen wir einen möglichst großen roten Kreis. Auf das zweite Blatt zeichnen wir eine an der horizontalen Achse gespiegelte Form, auf der Rückseite eine an der vertikalen Achse gespiegelte Form (siehe Abb. 1). Wir wollen nun herausfinden, wie das Kind Auge, Hände und Füße in der Beziehung zu Raumformen gebraucht.

Wir fordern das Kind auf, seine Schuhe auszuziehen und sich vor das Plakat mit dem Kreis zu setzen, das senkrecht vor ihm gegen die Wand gelehnt steht. Es soll den Kreis mit beiden Füßen gemeinsam verfolgen; dabei darf es das Papier berühren, wenn es möchte. Wir notieren uns den Anfangspunkt und die Drehrichtung. Jetzt soll das Kind den Kreis mit folgenden Körperteilen nachziehen:

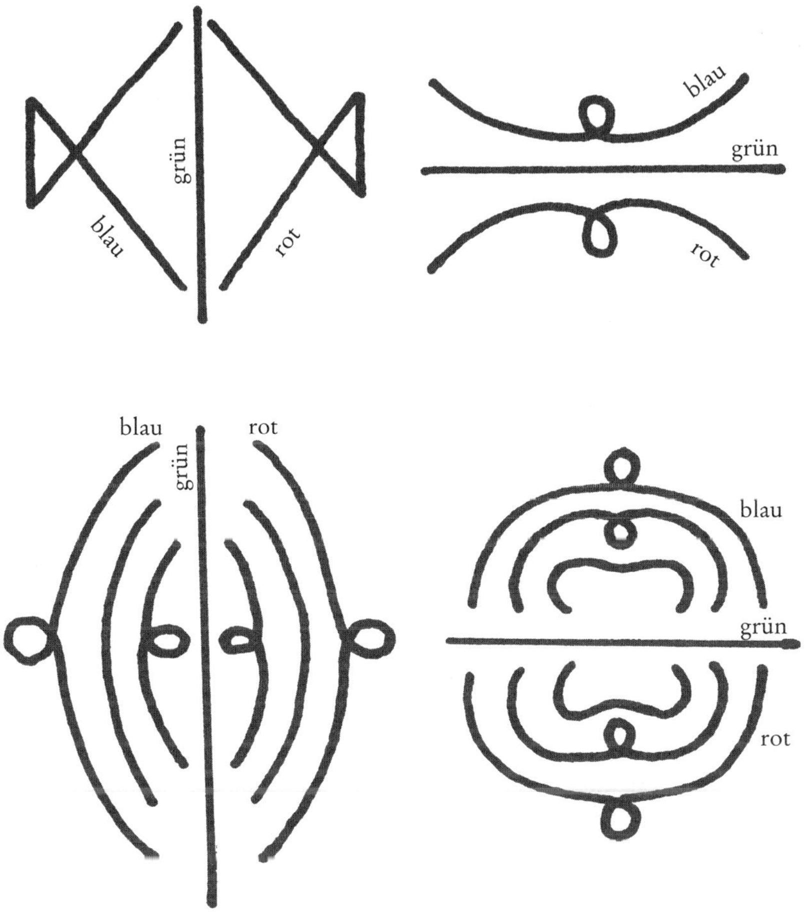

Abb. 1: Formen für den Seitigkeitstest; oben: für Kinder ab sieben Jahren; unten: für Kinder ab elf Jahren.
In beiden Fällen beginne man die Übung zuerst mit dem Kreis, dann erst folgen die abgebildeten Formen. Man sage den Kindern, daß sie die grünen Linien nicht nachfahren müssen.

Notizen des Lehrers:

Dominanz
Auge:
Fuß:
Hand:
Ohr:

An die einzelnen Formen mache man sich folgende Markierungen und Notizen:

- Pfeile für die Bewegungsrichtung
- den Anfangspunkt auf jeder Seite der Form markieren
- R oder L für die Dominanz des jeweiligen Körperteils
- g: gleichzeitiger Gebrauch der Hände auf beiden Seiten der Form
- ∩ das Überkreuzen der Linie wurde nicht befolgt
- der Form wurde nach Abschluß ein Kringel zugefügt
- h: Auge wurde mit der Hand abgedeckt
- m: Auge wurde muskulär geschlossen

Besondere Bemerkungen:

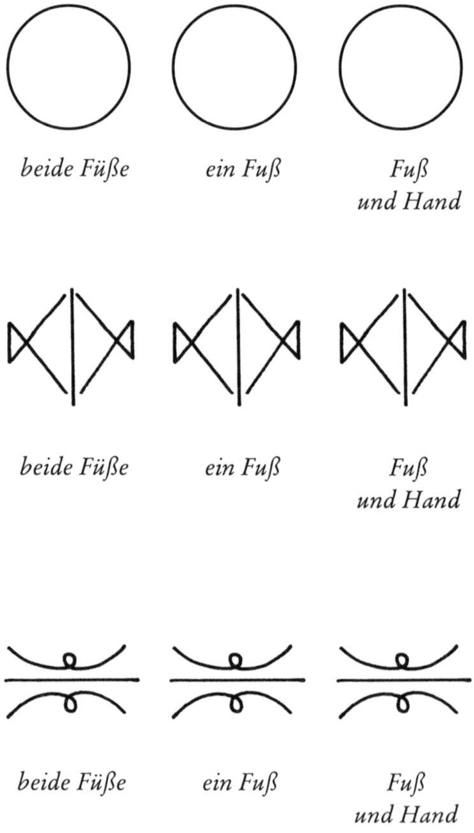

Abb. 2: Seitigkeitstest (für Kinder ab sieben bzw. ab elf Jahren).

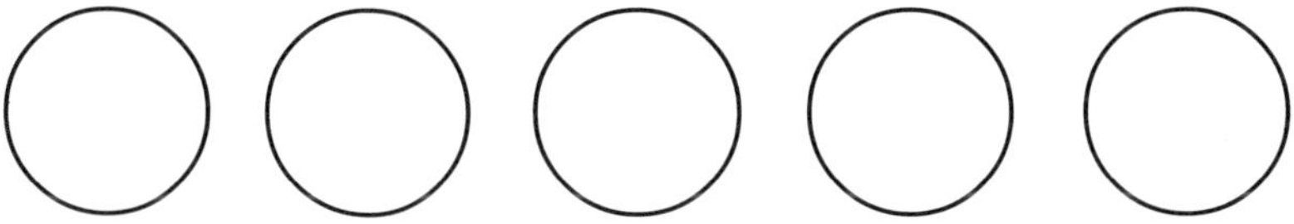

Fuß und Auge	*beide Hände*	*eine Hand*	*Hand und Auge*	*ein Auge*

Fuß und Auge	*beide Hände*	*eine Hand*	*Hand und Auge*	*ein Auge*

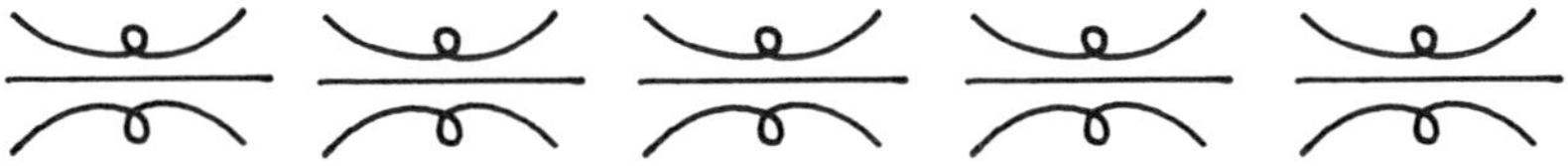

Fuß und Auge	*beide Hände*	*eine Hand*	*Hand und Auge*	*ein Auge*

- beide Füße gemeinsam
- ein Fuß
- ein Fuß und eine Hand
- ein Fuß und ein Auge
- beide Hände gemeinsam
- eine Hand
- eine Hand und ein Auge
- dann nur noch ein Auge, wobei das andere zugehalten oder zugekniffen wird.

Diese Abfolge wird mit den anderen Formen wiederholt.

Wir notieren uns jeweils, wo das Kind mit den Formen beginnt, welche Richtung es einschlägt und welche Seite der Gliedmaßen es benutzt (siehe die Abbildungen auf Seite 42 f.). Wir beobachten, wie die Formen nachvollzogen werden, ob als Kreise oder als gerade Linien, die das Kind mit Vorwärts- und Rückwärtsbewegungen verfolgen muß. Man wird einen großen Unterschied in der Wahl der Körperseiten bemerken, sogar bei voll rechts- oder linksdominanten Kindern. Dies deutet auf eine schlechte Integration des posturalen Systems (des Eigenbewegungs- und Gleichgewichtssinns) hin.

Eine Übung, die die Dominanz festigt und richtige Bewegungsmuster für die rechte und für die linke Körperseite im Zusammenhang mit Astralleib, Ätherleib und physischem Leib veranlagt, wird später beschrieben werden (siehe S. 82 ff.).

4. Konvexes und konkaves Spiegeln – Die Blumenstabübung (ab 7 Jahren)

Die Blumenstabübung (Lemniskaten um eine gerade Linie, siehe Abb. 3) zeigt uns, ob sich das Kind die Raumdimensonen innerlich vorstellen kann. Wir bitten das Kind, zwei Farbstifte aus einem größeren Angebot auszuwählen und einen davon uns zu geben. Der Lehrer oder das Kind zeichnet eine vertikale Linie mitten auf das Papier. Wir helfen dem Kind, zwei Punkte, einen oben, einen unten, auf der Linie zu

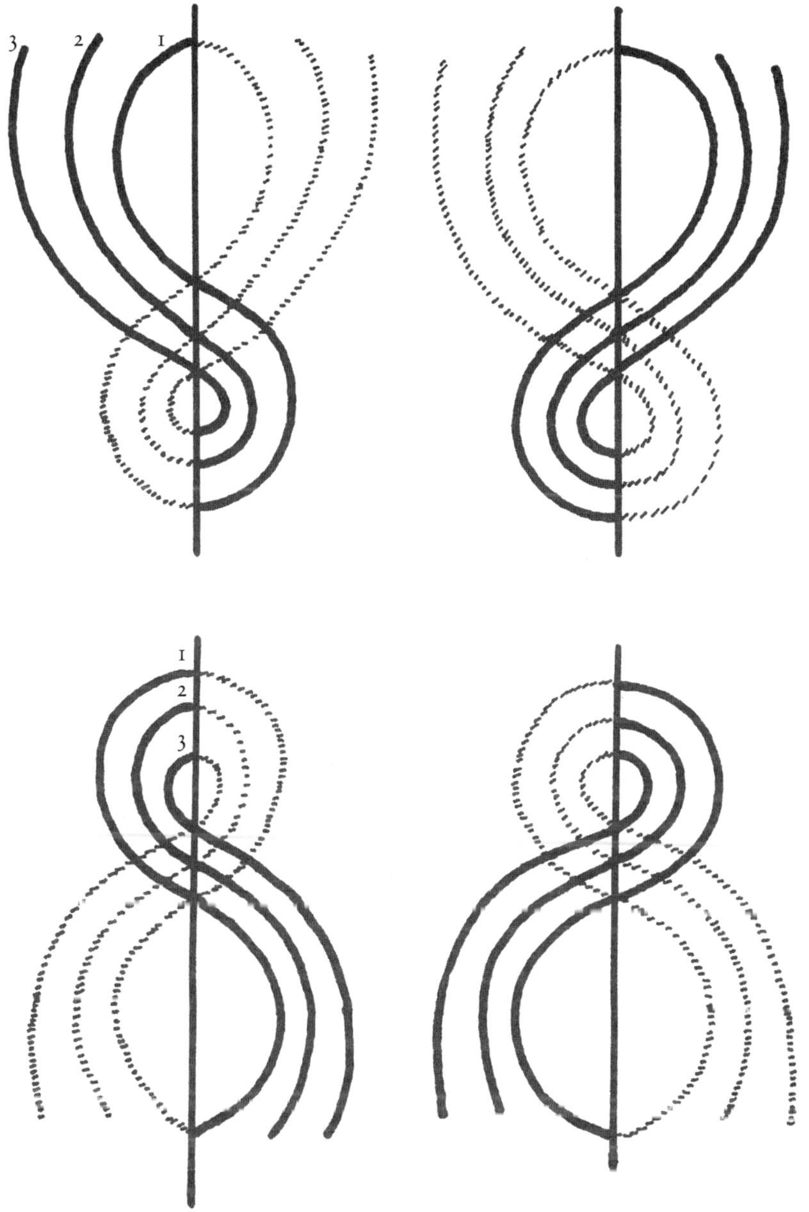

Abb. 3: Die Blumenstabübung;
oben: Testversion, unten: Version als Hausaufgabe.
——— = *Lehrer;* •••••• = *Schüler*

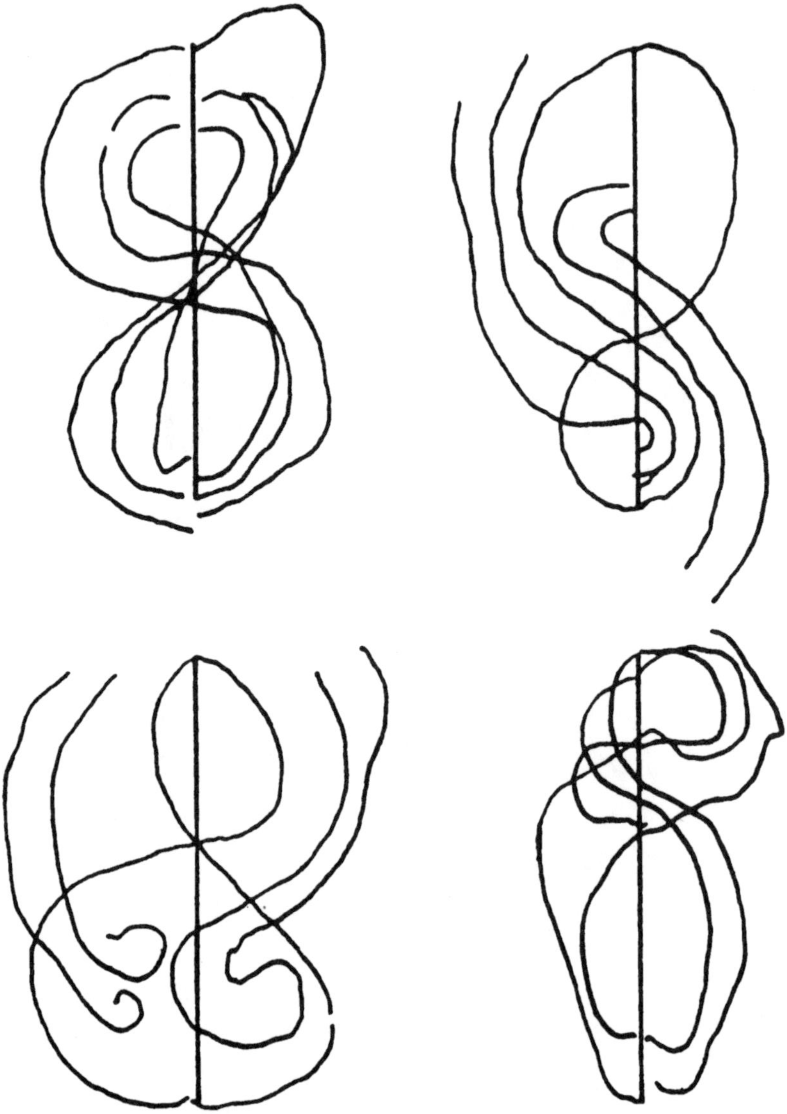

Abb. 4: Beispiele der Blumenstabübung. Die Zeichnungen stammen von verschiedenen Kindern (alle 8 1/2 Jahre alt). Die Kinder haben sie aus der Erinnerung (Stufe 3 der Übung) gezeichnet. Man erkennt deutlich die Spannung, unter der die Wahrnehmungsorganisation dieser Kinder in Beziehung zu den archetypischen Bildekräften steht.

markieren. Wir zeichnen die Hälfte einer Lemniskate nach links über die Mitte der Linie und bitten das Kind, diese Form zu spiegeln. Die meisten Kinder werden ebenfalls oben beginnen, andere werden die Linie einfach weiterziehen. Nun sagen wir, daß wir eine Art Blumenzwiebel mit einer geschlossenen Blüte dargestellt haben. Jetzt kommt die Sonne, und die Blätter öffnen sich. Wir beginnen oben mit einer offenen Lemniskate, die sich unten in kleinem Bogen schließt. Wieder spiegelt das Kind diese Form. Diesen Vorgang wiederholen wir, so daß die Blätter noch weiter offen sind und unten eine noch kleinere Zwiebelschale zu sehen ist. Jetzt wiederholen wir die gesamte Form, beginnen die Lemniskaten jedoch an der rechten Seite. Schließlich soll das Kind aus dem Gedächtnis den Blumenstab zeichnen.

Die illustrierten Beispiele (Abb. 4) vermitteln einen Eindruck der möglichen Resultate. Diese Übung kann sowohl therapeutisch wie auch als Test eingesetzt werden. Manchmal kommt es vor, daß ein Kind seine schon gut ergriffenen Formen für eine Zeit wieder verliert.

An dieser schönen Form können wir sehen, ob das Kind innerlich vom konvexen zum konkaven Spiegeln wechseln kann, ob es den inneren Willen entwickeln kann, etwas aufzunehmen. Sie drückt ebenfalls archetypische Seelenqualitäten des Kindes aus (das zeigt sich z. B. darin, daß auch der Caduceus, der Heroldstab des altrömischen Gottes Merkur, in dieser Form gestaltet war).

5. Farbneigung des Auges – Inneres Raumerfassen (ab 7 Jahren)

Bis jetzt haben wir versucht wahrzunehmen, wie das Kind seinen Körper in Beziehung zum äußeren Raum erfährt und ob es davon ein inneres Bild hat. Nun wollen wir herausfinden, wie frei es seinen eigenen inneren Bezug zum Raum erlebt. Die Farben Rot und Blau haben ihre eigene objektive Qualität. Blau gehört zum Raum, der sich ausdehnt und uns umgibt. Wir erleben dies im Blau des Himmels. Rot ist eine Farbe, die sich zusammenzieht, auf uns zukommt. Rot ist eine aktive Farbe, Blau hingegen eine passive. Wenn wir diese Farben innerlich wahrnehmen, wecken sie unsere Gefühle.

Unsere Augen haben bestimmte Funktionen. Das linke Auge überblickt den Raum, das rechte greift die einzelnen Punkte heraus und richtet sich darauf wie zum Beispiel beim Zielen. Ernst Lehrs schildert in seinem Buch *Mensch oder Materie*, daß zwischen dem rechten Auge und der Farbe Rot und dem linken Auge und der Farbe Blau eine objektive seelische Beziehung besteht.[13] Wenn man einen Schüler einen blauen Mond und eine rote Sonne malen läßt (siehe Abb. 5), wählen einige spontan die rechte Seite für die Sonne und die linke für den Mond. Andere vertauschen die Farben. Es hat sich herausgestellt, daß sich bei Schülern nach einigen Extrastunden, in denen sie an den hier beschriebenen Übungen gearbeitet haben, die Farbwahl korrigiert und das archetypische Bild mit der roten Sonne rechts und dem blauen Mond links erscheint.

Man kann sagen, daß beim Vertauschen der Farben die Willenskräfte des Individuums in den Gewohnheitsstrukturen und den organischen Prozessen gebunden sind. Dieses Kind «schläft» noch und lebt passiv in dem, was es von seinen Eltern vererbt und vorgelebt bekommen hat.

Mit diesem Test stellen wir an das Kind eigentlich die innere Frage: Reitest du dein Pferd, oder mußt du es tragen? Wenn es uns gelingt, die richtige Farbneigung des Auges aufzubauen, dann haben wir die Individualität des Kindes gestärkt. Ein gesundes Ein- und Ausatmen zwischen dem Seelisch-Geistigen und dem ätherischen und physischen Leib im Tagesrhythmus kann sich darauf gründen.

Wenn das Kind fragt, ob es einen Halbmond oder einen Vollmond malen soll, lassen wir es selbst entscheiden. Es sollten genügend Farben zur Auswahl vorhanden sein. Man beobachte, mit welcher Hand das Kind nach den Stiften greift. Manche Kinder «hören» nicht: Male einen blauen Mond und eine rote Sonne. Sie nehmen statt dessen gelb. Andere nehmen ein grelles Rot. Manche übermalen das Rot mit Gelb oder umranden die Sonne orange und gelb. Wir korrigieren die Kinder in ihrer Farbwahl nicht. Es ist wichtig, die Aufforderung in der korrekten Reihenfolge zu geben: blauer Mond und rote Sonne. (Siehe die Beispiele von Abb. 5, S. 50 f.)

Das Mischen von Farben deutet auf Spannungen und eine Überstimulierung der «Streckgebärde» hin. Wenn sich das Kind entspannt und harmonisiert, verschwinden diese anderen Farben, und Karminrot erscheint. Auch wird der zunehmende Mond voller, wenn die Dreiecksübung (S. 82 ff.) durchgeführt wurde und ein Gleichgewicht zwischen «Strecken» und «Aufrichten» entstanden ist.[14]

6. Spiegelungsübung
(ab 9 Jahren)

Die Spiegelungsübung soll zeigen, ob Hören und Sehen unabhängig voneinander geschehen. Wir stehen uns gegenüber, machen die Übung vor und sagen dazu die entsprechenden Anweisungen: Das Kind soll die Bewegungen nur anhand dieser Anweisungen mitmachen. Mit geballten Fäusten und auf der Brust überkreuzten Armen sagt der Lehrer:

«Rechte Hand» – Der Lehrer bewegt den rechten Arm nach rechts außen und spreizt dabei die Finger. Dann kehrt er zur Ausgangsposition zurück.

«Linke Hand» – Die Hand macht die entsprechende Geste nach links.

«Beide ... und beide zusammen» – Beim Wort «beide» bewegen sich rechter und linker Arm, die Finger spreizen sich. Bei «und» kommen wir zur Ausgangsposition zurück. Bei «beide zusammen» wird die ganze Folge wiederholt.

Wir wiederholen diese Übung, bis ein guter Rhythmus entsteht, aber korrigieren das Kind währenddessen nicht. Wir lassen die Bewegung das Bewußtsein des Kindes durchdringen: Es wird die Aufforderung dann hören, wenn die «Aufrichtegebärde» nicht mehr von der «Streckgebärde» übertönt wird.

Jetzt sind die Füße dran. Mit geschlossenen Beinen sagt der Lehrer:

«Rechter Fuß» – Der rechte Fuß geht einen Schritt zur Seite und wieder zurück.
«Linker Fuß» – Der linke Fuß tritt nach links und wieder zurück.
«Springen» – Wir springen in die Grätsche.
«Kreuzen» – Wir springen und kommen mit gekreuzten Füßen auf.
«Springen» – Wir springen wieder auseinander.
«Zusammen» – Wir springen in die Ausgangsposition.

Diese Abfolge wird wiederholt.

Wenn Arme und Beine nicht mehr die Bewegung des Lehrers spiegeln, werden sie miteinander verbunden. Gelegentlich kann man die

Abb. 5:
Blauer Mond und rote Sonne. Beispiele für die «Farbneigungsübung».

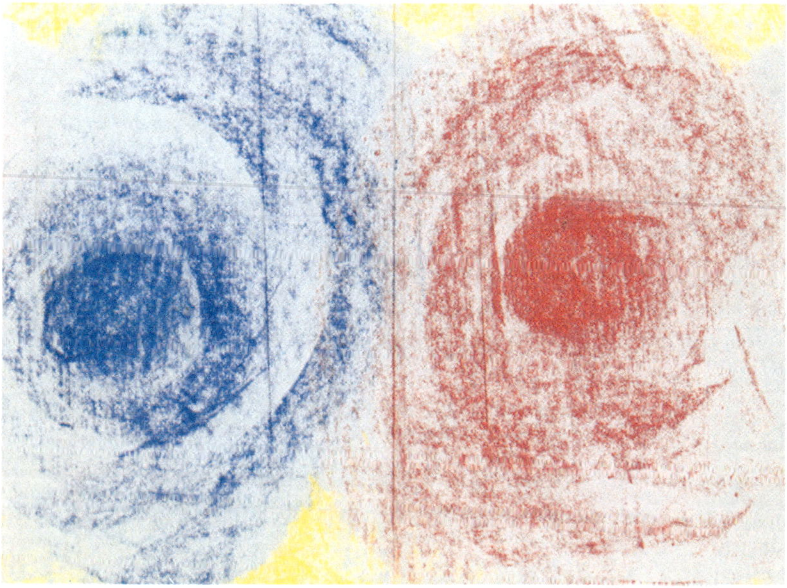

Richtung der Armbewegungen ändern: nach oben; nach unten; dann abwechselnd. Wenn die Handbewegungen schwach sind und das Kind kein Bewußtsein von Rechts und Links entwickelt, lassen wir es um jede Hand mit einem farbigen Stift fahren und die Form anschließend ausmalen. Dies eignet sich als Hausaufgabe.

Beobachtungen

Manchmal ist der Muskeltonus in den Händen schwach, oder die Oberarme sind dicht an den Körper gepreßt. In beiden Fällen werden die Bewegungen mechanisch und ohne Bewußtsein kopiert. Man übertreibe die eigenen Armbewegungen so lange, bis das Kind wirklich nachahmt.

7. Unreife Bewegungsmuster und Mittellinien

Unreife Bewegungsmuster

Viele Kinder zeigen in ihren Bewegungsabläufen unreife Muster, das heißt, sie scheinen an subtile Barrieren zu stoßen, die sie schon hätten überwinden müssen.[15] Mit solchen feinen Beeinträchtigungen der Bewegungsabläufe beschäftigen sich Krankengymnasten und Ergotherapeuten.

Für die Pädagogik sind diese Aspekte insofern von Bedeutung, als ein nicht vollständiges Durchdringen des Leibes im Bewegungsbereich zum Beispiel das Schreiben und das Abschreiben von der Tafel beeinträchtigen kann.

Manchmal haben Kinder die Tendenz, mit dem Kopf den Armbewegungen (oder umgekehrt) zu folgen. Kopf und Gliedmaßen bewegen sich nicht ganz unabhängig voneinander; dadurch ist jede konzentrierte Arbeit für diese Kinder mit viel mehr Anstrengung verbunden. Es kann sein, daß sie Aktivitäten wie Eurythmie, Spielen oder Turnen aus dem Weg gehen. Es kommt auf die genaue Beobachtung des Lehrers an, um diese kleinen Blockaden zu entdecken, dem Kind Verständnis entgegenzubringen und die richtigen Hilfestellungen anzubieten.

Wenn die natürliche Entwicklung des kleinen Kindes forciert wird – zum Beispiel durch die Verwendung von Gehhilfen, bevor das Kind aus eigener Kraft stehen kann –, kann es sein, daß es zu feinen Unreifezeichen in der Bewegung kommt. Das Überspringen des Kriech- und Krabbelstadiums sowie die fehlende Übung, den Körper aus eigenem Antrieb gegen die Schwerkraft aufzurichten, sind weitere Ursachen.

Neuere Untersuchungen haben ergeben, daß häufige Behandlung mit Antibiotika, das Erleiden eines Schleudertraumas, ein Sturz oder allgemeine Angespanntheit sich auf subtile Weise in den Bewegungen des Kindes niederschlagen können. Wir vermögen diese Reflexe bei unseren Schulkindern an der Art, wie sie sitzen, stehen oder sich bewegen, zu sehen. Zum Beispiel brauchen manche Kinder mehr Platz auf ihrem Tisch. Ständig kommen sie dem Nachbarn ins Gehege, weil sie die Tendenz haben, den Arm auszustrecken, wenn sie den Kopf drehen. Wenn sie zum Schreiben die Hände aufs Papier bringen wollen, scheinen sie manchmal die Beine zur Seite nehmen zu müssen. Sie weigern sich auch, das Buch mit beiden Händen zu halten, weil ein Arm die Tendenz hat, sich zu beugen. Um dies zu kaschieren, stützen sie ihren Kopf damit auf. Sie neigen auch dazu, mit einem untergeschlagenen Bein auf dem Stuhl zu sitzen.

Diese Unreifezeichen in der Bewegung, wobei sich Kopf und Gliedmaßen nicht vollständig unabhängig voneinander zu bewegen scheinen, erschweren Eurythmie, Turnen und Spiele. Solche Kinder fangen Bälle immer mit beiden Händen und sind ungeschickt bei allen praktischen Arbeiten. Wichtig ist es, daß der Förderlehrer immer präziser in seiner Beobachtung wird und dadurch all die feinen Unstimmigkeiten in den Bewegungsabläufen der Kinder wahrnimmt.

Mittellinien

a) Die horizontale Mittellinie

Der Lehrer bittet das Kind, durch einen senkrecht auf dem Boden stehenden Hullahupreifen zu gehen. Die Mittellinie bewirkt, daß das Kind mit aufrechtem Oberkörper in die Knie geht, anstatt sich zu bücken.

b) Die vertikale Mittellinie

Das Kind soll mit beiden Händen:

- den Kopf berühren
- die Schultern berühren
- die Knie berühren
- die Hüfte berühren
- die Ellbogen berühren.

Wenn bei einem Kind die Mittellinie noch voll anwesend ist, wird es versuchen, die Ellbogen mit der entsprechenden Hand zu berühren, indem es sie im Handgelenk umbiegt. Wenn diese Barriere nur teilweise überwunden ist, berührt es zögernd zuerst den einen Ellbogen, dann den anderen. Wer genau die Alltagsbewegungen des Kindes beobachtet, wird in vielen Situationen sehen, ob es ohne Schwierigkeiten die Körpermitte überkreuzt oder nicht.

Therapeutische Übungen

Folgende Übungen helfen den Kindern, unreife Bewegungsmuster abzubauen.

Unreife Bewegungsmuster

Alle Krabbel- und Kriecharten (siehe S. 75 f.) sollte man mit den Kindern noch einmal durchmachen, weiterhin «schwimmen wie ein Fisch»: sich auf dem Bauch vorwärts winden, wobei Arme und Hände fest an den Körper gepreßt werden; ein «Seehund» werden: auf dem Boden liegend zwischen den gestreckten Armen einen Ball halten und seitlich rollen; wie ein «Krebs» gehen: sich aus der Rückenlage auf Hände und Füße aufrichten, vorwärts, rückwärts und seitwärts laufen; schließlich «Schubkarrelaufen»: der Lehrer hält die Beine fest, das Kind geht auf den Händen.

Diese Übungen können täglich unter Begleitung der Eltern durchgeführt werden.

Die horizontale Mittellinie

Das Kind legt einen Eurythmiestab vor sich auf den Boden, springt mit geschlossenen Füßen darüber, bückt sich nach schräg hinten, nimmt den Stab hoch und legt ihn wieder vor sich. Dies wiederholt man die ganze Zimmerlänge, wobei sich das Kind einmal nach rechts, einmal nach links bückt. Auch diese Übung kann täglich zu Hause gemacht werden.

Die vertikale Mittellinie

Zum Überwinden der vertikalen Mittellinie helfen Wollewickeln, Strangdrehen (siehe S. 70 f.), Flechten und Modellieren mit Bienenwachs, Murmelspiele, Tischtennis, mit geschlossenen Füßen hin und her über eine gerade Linie oder einen Kreis springen, den Boden fegen. Auch diese Dinge können zu Hause getan werden. In der Förderstunde kann man den «Zahlenstern» (S. 96 f.) durchführen, ohne ein Auge zu schließen. Dabei ist es wesentlich, daß das Kind in der Mitte vor dem Kreis stehen bleibt.

Nach zehn Wochen Förderunterricht (einmal wöchentlich) und regelmäßigem Üben zu Hause sollten die Bewegungsabläufe der Kinder sicherer sein. Ist dies nicht der Fall, sollten die Eltern weitergehenden professionellen Rat suchen, zum Beispiel bei einem mit «sensorischer Integration»[16] vertrauten Ergotherapeuten.

Man fahre mit folgenden Übungen fort:

8. Augenbewegung

Wir wollen feststellen, ob sich das Auge frei in alle Richtungen bewegen kann. Der Lehrer zeichnet im Abstand von circa dreißig Zentimetern mit dem Finger oder einem Stift langsam und gleichmäßig einen Kreis in die Luft, zuerst im Uhrzeigersinn, dann gegen den Uhrzeigersinn. Danach zeichnet er eine diagonale Linie von rechts nach links und von links nach rechts. Macht der Augapfel des Kindes Pausen oder Sprünge während der langsamen Bewegung, oder blinzelt das Kind dabei, so ist das ein Zeichen für muskuläre Schwankungen, Gleichgewichtsprobleme, Anwesenheit der Mittellinie oder Schwierigkeiten, die durch einen Augenarzt festgestellt werden müssen. All diese Faktoren können die Spiegelungsprozesse beim Lesen und die Augen-Hand-Koordination beim Schreiben beeinträchtigen.

Unterstützende Übungen sind für jüngere Kinder die Stabrollübung (S. 88) und für ältere Kinder die Kupferkugelübung (S. 76 ff.). Für alle Kinder geeignet sind die Blumenstabübung (S. 44 ff.) und Malübungen (S. 103 ff.), die regulierend auf die Augenbewegung wirken.

9. Seitigkeit – Ball- oder Säckchenwerfen (ab 7 Jahren)

Um zu beobachten, ob die Seitigkeit gut entwickelt ist, machen wir dem Kind mit entsprechenden Anweisungen folgende Übung vor: «Halte den Ball (oder das Säckchen) in der rechten Hand, wirf ihn unter dem rechten Bein durch und fange ihn mit der linken Hand. Jetzt wirf ihn unter dem linken Bein durch und fange ihn mit der rechten Hand.» Entsteht ein Rhythmus? Ist das Kind geschickt? Kann es das Bein hoch genug heben, um den Ball darunter hindurchzuwerfen? Überkreuzt es nach einer Weile, das heißt, die rechte Hand wirft unter dem linken Bein durch und umgekehrt? In diesem Fall durchdringt das Seelisch-Geistige zu stark die physisch-ätherische Organisation, wobei der Lebensleib geschwächt wird. (Siehe zum Vergleich die Übungen zur Farbneigung des Auges, S. 47 ff.).

10. Beidseitigkeit – Ball- oder Säckchenwerfen (ab 7 Jahren)

Um festzustellen, ob die Beidseitigkeit überwunden ist, machen wir dem Kind folgende Tätigkeiten vor und geben ihm die entsprechenden Anweisungen: «Nimm in jede Hand einen weichen Ball. Wirf einen in die Luft, und gib den anderen der leeren Hand weiter, so daß du den Ball mit der anderen Hand fangen kannst. Mach dies ein paar Mal, und fange dann mit der anderen Hand an.» Man beobachte die Augen:

Folgen sie den Bällen oder starren sie geradeaus? Wenn die linke Hand den Ball hochwirft, ist dies ein Zeichen, daß die Dominanz nicht vollständig herangereift ist. Diese beiden Testübungen (9. und 10.) sind ebenfalls nicht nur diagnostisch, sondern auch therapeutisch anzuwenden. (Säckchen sollten nur in der ersten Stunde benutzt werden, um dem Kind eine größere Sicherheit zu vermitteln.)

11. Die Gesamtverfassung des Kindes – Das Mensch-Haus-Baum-Bild

Wenn das Kind ein Bild mit einem Menschen, einem Haus und einem Baum malt, so vermittelt uns das Bild einen Gesamteindruck der Körpergeographie, der Raumesorientierung und der Seitigkeitsentwicklung des Kindes. Das *Haus* ist eine archetypische Form, bestehend aus einem Quadrat und einem Dreieck – dem Körper und der Seele. Die Einzelheiten des Hauses, Fenster, Schornstein, Rauch, Tür und Weg, zeigen die Körpergeographie, die die Seele in den ersten sieben Jahren aufgebaut hat. Der *Mensch* enthüllt uns den Inhalt, der von den Bildekräften der Seele aus in die Leibesgestaltung geströmt ist. Eine detaillierte Darstellung (Kopf, Ober- und Unterleib, Gliedmaßen – der dreigegliederte Körper) zeigt ein harmonisches Heranreifen der Seelenkräfte im Leib, welche jetzt nach dem Zahnwechsel für das Lernen frei sein sollten. Der *Baum* steht sowohl generell für das Atemsystem als auch für das darin befindliche Nervenelement; ein Baum mit Äpfeln symbolisiert den Reichtum, den die Seele in diesen Leib mitbringt.

Wenn wir das fertige Bild anschauen, stellen wir fest, ob die Raumesorientierung sicher genug ist. Steht das Haus auf der Erde? Steht der Mensch auf der einen Seite, der Baum auf der anderen? Gibt es Himmel und Erde (oben und unten)? Gibt es einen Schornstein, aus dem Rauch herauskommt (Zeichen der Aktivität im Haus)? Erfahrung mit Kindern und Bildern lehrt uns das «Lesen» dieser Bilder. (Siehe die Beispiele von Abb. 6 und die dazugehörenden Interpretationen auf S. 135 ff.)

Bevor das Kind dieses Bild malt, muß es sich in unten beschriebener Weise bewegen, so daß wir kein «Phantasiebild», sondern einen

a

b

Abb. 6 a-f: Beispiele für das Mensch-Haus-Baum-Bild.
(Die entsprechenden Interpretationen finden sich auf S. 135 ff.)

c

d

Niederschlag dessen bekommen, wie es seinen Leib ergreift. Zuerst soll es so hoch springen, wie es kann, drei- oder viermal. Dann bitten wir es, stehend folgendes zu tun:

- abwechselnd vorn und hinten klatschen und dabei bis zehn zählen
- abwechselnd über dem Kopf und hinter dem Rücken klatschen und dabei bis zehn zählen
- abwechselnd über dem Kopf und vorne klatschen und dabei bis zehn zählen
- oben, hinten und vorne klatschen und dabei bis zwölf zählen.

Wir lassen das Kind die Sequenz wiederholen, wobei es zusätzlich noch springt. Dann bitten wir es, ein Bild mit einem Haus, einem Menschen und einem Baum zu malen. Alle Farben liegen zur Auswahl da: Schwarz, Braun, Weiß, Lila, Violett, Karminrot, Zinnoberrot, Orange, Rosa, Gelb, und jeweils zwei verschiedene Töne Blau und Grün.

Weitere Bemerkungen

Die vorangegangenen Übungen zeigen uns, was wir schon in der einen oder anderen Hinsicht erwarten. Sie bestätigen die Richtigkeit unserer Beobachtungen. Man kann sie aber auch als Warnung verstehen: «Betrachten Sie das Kind gut, ob Schwierigkeiten nicht später aufzutauchen drohen, und greifen Sie ein, bevor die Situation verfahren ist.»
Folgende Testübungen sind therapeutisch zu verwenden:
Koordination von Hand, Auge und Sprache (S. 39 f.), Blumenstabübung (S. 44 ff.), Spiegelungsübung (S. 49 f.) und Ballübungen (S. 56 f.).

Wenn das *Sonne-Mond-Bild* vertauscht oder sehr auffallend ausgemalt ist, müssen wir folgendes beobachten:

- Die Konstitution des Kindes. Ist es kränklich? Ist der Atembereich schwach entwickelt? Hat es fortwährend kleinere Leiden? Wenn das Nerven-Sinnes-System gesund ist, müssen Lesen und Schreiben nicht beeinträchtigt sein. Ist die Vitalität des Kindes angegriffen, so ist eine Überreiztheit des Nervensystems wahrscheinlicher.

e

f

- Verhaltensprobleme in der Klasse und zu Hause. Wirken sich Umgebung und Vererbungskräfte so aus, daß das Kind das «Pferd tragen muß»?
- Die Entwicklung der intellektuellen Leistungen.

Eine Blockade auf einer der genannten Ebenen tritt höchstwahrscheinlich auf, wenn das Kind keine Hilfe erfährt.

Wenn das *Blumenstabbild* schwach ist, sitzen die Probleme tief, und es wird länger dauern, bis Ergebnisse sichtbar sind.

Wenn in der *Kreuzzeichnung* Besonderheiten auftreten, zum Beispiel ein großes Kreuz über das ganze Blatt, müssen wir mit einer recht langsamen und schwierigen Entwicklung rechnen. Bei manchen Fällen haben wir es sogar mit einer physiologischen Schädigung zu tun.

Zur Farbneigung der Augen

Die Frage nach der Farbneigung beider Augen im Bezug zum inneren Raumerfassen (siehe S. 47 ff.) ergab sich mir aufgrund der Anweisung eines Schularztes, die Augendominanz eines Schülers von links auf rechts zu ändern. Er schlug vor, das linke Auge des Kindes mit einer farbigen Linse zu bedecken und das Kind mit einem Buntstift in derselben Farbe schreiben zu lassen. Die Wirkung der Farbe auf das Auge und das innerliche Entstehen der Gegenfarbe legten mir nahe, daß die Beziehung der Augen selbst zu den Farben untersucht werden müßte.

Im Auge halten sich Nerven und Blut so die Waage, daß objektive Sinneswahrnehmungen möglich sind. Aus Steiners pädagogischen Vorträgen wissen wir, daß wir im Nerv den Ausdruck der antipathischen Kräfte haben, auf denen das begriffliche Denken fußt, während im Blut die Sympathiekräfte leben. Mit diesen Kräften ist unser Willensleben verbunden.[17]

Schon die Qualität der Farben, das kühle Blau und das warme Rot, legen eine Beziehung zum Denken und zum Wollen nahe. Zu welchem Auge gehören Rot und Blau? Die Malkunst gibt uns vielleicht Antworten darauf. Wir wissen, daß William Turner sich sehr mit der Goetheschen Farbenlehre auseinandergesetzt hat. Immer wieder ist auf seinen Landschaftsbildern die Farbe Blau links und die Farbe Rot rechts zu sehen.[18] Wenn er die Farben vertauscht, handelt es sich um ein Nachtbild – «Feuer auf der Themse» zum Beispiel.

Wenn wir das Zusammenspiel dieser Farben geschichtlich zurückverfolgen, kommen wir zur Madonna, der Figur für das universelle Seelenwesen der Menschheit. Sie ist in Rot und Blau gehüllt. Aus diesem völligen Gleichgewicht der Seelenkräfte heraus kann sie das archetypische Menschenkind tragen. Die Vergangenheit erreicht uns von links, was mit der Erdentwicklung zu tun hat; von rechts strömen die erneuernden Lebenskräfte ein.[19] Dieser imaginative Weg führt uns zu denjenigen Tatsachen, die Lehrs, wie oben angedeutet, in seiner Studie über die Goethesche Farbenlehre beschrieben hat.

Die oben dargestellten Betrachtungen deuten auf die tatsächliche Verwandtschaft zwischen diesen Kräften, die sich in den Augen manifestieren, und der Seele. Wenn wir dies in ein imaginatives Bild hüllen, kann uns das Kind etwas über seine Beziehung zu diesen Kräften sagen, die in seiner körperlichen Konstitution tätig sind.

Die Farbneigung des Auges – Blau für das linke Auge und Rot für das rechte Auge – hat sich normalerweise im Alter von sechs bis sieben Jahren fertig entwickelt. Das Sonne-Mond-Bild, in dem diese Farbneigung zum Ausdruck kommt, und die Kreuzzeichnung sind daher die einzigen Tests, die nicht auch therapeutisch in den Unterrichtsstunden anwendbar sind. Der Farbneigungstest kann für den Lehrer zu einer lebendigen Sprache werden. Er ist eine Antwort, die das Kind auf die unausgesprochene Frage gibt: «Kannst du deinen Leib durchdringen, bist du genügend ‹wach› in dir selbst?»

Es muß erwähnt werden, daß die Farbneigung der Augen nichts mit der Dominanz zu tun hat. Selbst bei eindeutiger Linksdominanz kann die richtige Farbneigung erscheinen, ebenso wie bei Kindern, die auf einem oder beiden Augen schlecht sehen. Wenn ein offensichtlich gesundes und problemloses Kind die Farben «vertauscht», kann das bedeuten, daß es eine neue Entwicklungsphase durchmacht, nach deren Abschluß es wieder zur ursprünglichen Farbneigung zurückkehrt. Zum Beispiel tritt dies während der Neunjahreskrise auf, wenn das Kind sich als ein eigenständiges, von der Umgebung getrenntes Wesen fühlt.[20] Es «vertauscht» auch, wenn es körperlich oder intellektuell überfordert wird, wenn es häuslichen Spannungen ausgesetzt ist, oder vor und nach Krankheiten. «Vertauschungen» sollte man als frühzeitige Warnungen ernst nehmen und durch eine der geschilderten

Übungen Hilfe anbieten. Wenn die Korrektur von selbst geschieht, ist das Kind stark genug, sich ohne Hilfe weiterzuentwickeln.

In manchen Fällen wiederholen die Kinder ihre eigenartige Farbwahl, zum Beispiel Rot-Gelb, mischen Farben übereinander und plazieren Sonne und Mond extrem, ganz außen am Blatt oder sehr nah zusammen. In diesen Fällen sollte man das Kind einem Psychiater vorstellen. Die Probleme, weswegen solch ein Kind zu uns gekommen ist, haben dann offensichtlich tiefere Ursachen und können nicht allein mit pädagogischen Maßnahmen gelöst werden.

Als ich den Test zur Farbneigung der Augen einführte, probierte ich alle möglichen Formulierungen aus. In der Praxis hat es sich als ratsam erwiesen, sich an die Schreibrichtung von links nach rechts zu halten: Mond-Sonne. Dieses Bild kann mit der ganzen Klasse gemeinsam oder auch einzeln gemacht werden.

Es ist sehr wichtig, Sehfähigkeit, Dominanz und Farbneigung nicht miteinander zu vermischen. Sie bedingen sich gegenseitig in keiner Weise. Sehstärke, Weit- oder Kurzsichtigkeit, unterschiedliche Sehschärfe, Astigmatismus, all dies gehört zur physischen Konstitution des Kindes und beeinflußt nicht die Dominanz. Zum Beispiel kann ein Kind auf dem linken Auge besser sehen und dennoch eine ausgeprägte Rechtsdomianz bei Hand und Auge aufweisen.

Zusätzliche Anwendungsmöglichkeiten der ersten Extrastunde

Der «Kurztest» für die ganze Klasse

Um festzustellen, welche Kinder die Entwicklungsstufen des ersten Jahrsiebts nicht vollständig durchgemacht haben, können Förderlehrer oder Klassenlehrer in der zweiten Klasse sogenannte Kurztests durchführen.

Alle Kinder bekommen ein Blatt Papier (DIN A 4). Sie legen es waagrecht vor sich, schreiben oben auf das Blatt ihren Namen und zeichnen dann einen blauen Mond und eine rote Sonne. Danach drehen sie das Blatt um und klatschen, zählen und springen in oben dargestellter Abfolge (s. S. 61). Nun malen sie das Bild mit Mensch, Haus und Baum.

Dieses Bild entspricht dem Organismus in gleicher Weise, wie das Auge die Gegenfarben produziert. Wir sehen die innerlich objektive Beziehung des Kindes zu seinem Leib und seinen Bewegungen im Raum.

Einschulungstest und Test für die Klassen 1-4

Der Lehrer legt ein Blatt Papier waagrecht vor das Kind. Es soll eine gerade Linie von links nach rechts und darunter eine Linie in die entgegengesetzte Richtung ziehen. Daraus ersehen wir, ob zwischen Seele und Leib eine gesunde Beziehung in der Bewegung aufgebaut ist. Kinder, die die Linie unterbrechen oder darüber malen, können nicht genügend über ihre Willenskräfte verfügen. Zu starker oder zu schwacher Druck deuten auf Schwierigkeiten der Bewegungskoordination hin. Jetzt soll das Kind eine Wellenlinie zuerst hin und dann zurück zeichnen. Dies zeigt, wie geschickt die Hand ist und ob abwechselnd «Streck-» und «Aufrichtegebärde» der Handbewegung beherrscht werden. Kinder, die zum Beispiel eine gerade Linie zeichnen, können nicht die Antwort des Aufrichtens auf die «Streckgebärde» erleben. Wollewickeln (S. 70 f.), Murmeln zwischen den Zehen halten (S. 71 f.), Kugeldrehen (S. 79 f.) und Handstreckübungen können einem solchen Kind helfen.

Jetzt zeichnet der Lehrer den Umriß einer vierblättrigen Blütenform und fragt das Kind, was das sein könnte. Wenn der Begriffssinn und die innere Vorstellungskraft nicht geschädigt sind, sagt das Kind: «Eine Blume.» Dann bitten wir es, die Blume zu vervollständigen. Malt es nur den Stiel dazu oder auch Blätter und Wurzeln? Wir bekommen dadurch einen Eindruck von der Vitalität und dem Gesundheitszustand des Kindes.

Wir lassen danach folgende Übungen machen: Ballwerfen, Test zur Koordination von Hand, Auge und Sprache, Dominanztest, Seitigkeitstest, Augenbewegungstest. Nun zeigen wir dem Kind, wie man eine Lemniskate zeichnet. Wir zeichnen zwei Punkte auf ein Papier und darum eine senkrechte Acht. Dann legen wir ein Papier mit zwei Punkten vor das Kind und bitten es, das gleiche zu tun. Wenn dies dem Kind nach mehreren Versuchen nicht gelingt, ist eine medizinische Untersuchung angezeigt. Der Lehrer fährt fort mit dem Test zur Farbneigung der Augen, dem Kreuz, der Überprüfung der primitiven Reflexe und dem Bild von Mensch, Haus und Baum. (Ab dem

Ende der zweiten Klasse sollten die Kinder auch die Spiegelungsübung und den Blumenstabtest machen.)

Abschließende Bemerkungen

Die «Teststunde» basiert auf der Waldorfpädagogik, und ihre Übungen gehören zur Schulerfahrung der Kinder. Ein erfahrener Lehrer sollte die Übungen mit ihnen machen, am besten einer, den sie kennen. Es ist besonders wichtig, die Übungen in ihrer Gesamtheit durchzuführen und nicht eine oder zwei aus dem Zusammenhang zu lösen. Außerdem sollten die Kinder mit den Übungen nicht in einer ungewohnten Situation konfrontiert werden. Man sollte vermeiden, daß sie überrascht werden und somit ihr intellektuelles Bewußtsein angesprochen wird. Das gilt vor allem für das Sonne-Mond-Bild und den Kreuz-Test. Diese Übungen sollte der Lehrer in den rhythmischen Teil organisch einflechten, so daß Ein- und Ausatmen sich gesund vollziehen können. Die Kinder sind an das Malen am Ende der Stunde gewöhnt, so daß das Mensch-Haus-Baum-Bild einen geeigneten Abschluß bildet.

Mittlerweile ist es in weiten Kreisen bekannt, daß viele der bizarren Bewegungen und der Verhaltensprobleme im Klassenzimmer durch ein mangelhaftes Funktionieren des Gleichgewichtssinns (vestibuläres System) und des Eigenbewegungssinns (Eigenbewegungswahrnehmung) hervorgerufen werden. Das ungeschickte Kind, der «Zappelphilipp», der bei jeder Gelegenheit auf seinem Stuhl kippelt, der Bleistifttrommler, das Kind, das alles fallen läßt, das Kind, das zu lang und zu laut lacht, dasjenige, das leicht abgelenkt ist, und dasjenige, das vom Stuhl fällt – sie alle zeigen Symptome, die auf Schwierigkeiten in diesen Sinnesbereichen hindeuten.

Einige der in diesem Buch beschriebenen Übungen kann man auf einem Schaukelbrett machen, wodurch Gleichgewichts- und Eigenbewegungssinn noch mehr angeregt werden. Wenn die angesprochenen Probleme erkannt werden, können hygienische Eurythmie, Bothmer- oder Lohelandgymnastik ebenfalls helfen. Verhaltensprobleme wie diese sind eher ein Hilfeschrei als bloße Frechheit.

Unsere Untersuchungen haben gezeigt, daß manche Kinder mit ungenügender Raumesorienterung und mangelhafter Körpergeographie keine offenkundigen Lernprobleme haben. Ein gesundes Selbstwertgefühl und die Fähigkeit, seinen Platz im Leben zu finden, fußen jedoch letztendlich auf diesen leiblichen Grundvoraussetzungen, so daß auch für diese Kinder Sorge getragen werden muß.[21]

Die Gründe für all diese Schwierigkeiten sind vielfältig, zum Beispiel: die Anforderung, daß Kinder immer früher die statomotorischen Entwicklungsstufen durchmachen sollen; der Eingriff der Erwachsenen in das Erlernen des aufrechten Ganges; das Fahren auf dem Dreirad oder anderen Kinderfahrzeugen, bevor das Kind mit den Füßen fest auf der Erde steht. Wenn das Kind ständig mit dem Auto gefahren wird und nicht oft genug – auch größere Strecken – zu Fuß geht, wenn es lange fernsieht, anstatt frei zu spielen, und früh mit Computern und Videos in Kontakt kommt, so sind dies alles Faktoren, die dem Kind die Zeit zum Spielen rauben und die Erfahrung, den eigenen Körper zu benutzen.

Der Druck, daß Kinder möglichst früh lernen, hat die Frage verstummen lassen: Was sind eigentlich die wesentlichen Erfahrungen, die ein Kind auf den verschiedenen Wachstums- und Entwicklungsstufen machen sollte?

V. Die Übungen

Die folgenden Übungen haben sich ursprünglich aus meiner Arbeit mit elfjährigen und älteren Schülern entwickelt. Jedoch traten seit Ende der siebziger Jahre die Probleme bei immer jüngeren Kindern auf. Jetzt scheint es wesentlich, die Kinder um das achte Lebensjahr herum anzuschauen – wenn man nicht schon während der Kindergartenzeit darauf aufmerksam wurde –, weil zu diesem Zeitpunkt schon viele Schwierigkeiten manifest werden. Durch schnelles Handeln kann man viel Unglück und Frustration vermeiden.

Meine Schüler kamen einmal pro Woche eine Stunde zu mir nach Hause, die jüngeren während der Schulzeit, die älteren im Anschluß daran. Manche Kinder reagieren nicht gut auf den wöchentlichen Rhythmus, so daß sie zwei Wochen lang täglich während des Hauptunterrichts kommen können, anschließend nur noch zehn Minuten täglich vor dem Unterricht für eine spezielle Übung. Eine andere erfolgreiche Variante ist, das Kind acht Wochen lang täglich zwanzig Minuten aus dem Unterricht kommen zu lassen. Dies ist vor allem praktikabel für Förderlehrer, die an der Schule arbeiten.

Alle Übungen können ab elf Jahren gemacht werden. Bei Übungen, die sich auch für jüngere Kinder eignen, ist das Alter angegeben.

1. Übungen zur Körpergeographie

a) Körpergeographie (ab 11 Jahren)

Der Schüler steht vor dem Lehrer, der ihm folgende Anweisungen gibt:

1. Version: Berühre deinen Kopf mit der rechten Hand. Berühre dein linkes Knie mit der Nase etc.

2. Version: Lege deine rechte Hand auf deine linke Schulter. Lege deine linke Hand auf den Kopf. Die Hände wechseln ihren Platz. Die Hände wechseln wieder zurück.

Lege deine linke Hand auf dein Kinn, deine rechte Hand auf dein rechtes Knie. Die Hände wechseln ihren Platz, sie wechseln wieder zurück.

Halte dein linkes Ohr mit der linken Hand fest. Halte dein rechtes Ohr mit der rechten Hand fest. Überkreuze – rechte Hand zum linken Ohr, linke Hand zum rechten Ohr – in einer Bewegung.

Rechte Hand auf deine Nase. Linke Hand an dein rechtes Ohr. Wechsle.

Man drehe dies um und benutze alle möglichen Kombinationen.

3. Version (für die Unabhängigkeit von Hören und Sehen): Man wendet die im Testteil beschriebene Spiegelungsübung (S. 49 f.) an.

b) Körpergeographie (für die Klassen 1-3 und Kinder von 7–10 Jahren)

Da die Dominanzentwicklung heutzutage weder durch Kinderspiele noch durch die elterliche Führung (Türöffnen, zuerst den rechten Arm in den Ärmel stecken etc.) gefestigt wird, müssen wir den Kindern dabei helfen. Erstaunlich viele Kinder wissen nicht, welches ihre rechte Hand ist und welches ihre linke. Bei jüngeren Kindern empfiehlt es sich, die rechte und die «andere» Hand zu sagen.

Der Lehrer gibt die Anweisungen. Er macht die Bewegungen nicht mit, damit das Kind nicht zum Spiegeln angeregt wird.

Klasse 1 (ab 7-8 Jahren):
Man nehme nur die rechte Hand, um die verschiedenen Körperteile zu berühren.

Klasse 2 (ab 8 Jahren):
Man nehme die rechte Hand für die rechte Körperseite und die «andere» Hand für die «andere».

Klasse 3 und später:
Man nehme die rechte Hand für die linke Körperseite (diese Bezeichnung muß eingeführt werden) und die linke Hand für die rechte Körperseite.

Dies entspricht dem Bewußtseinswandel im neunten Lebensjahr.

c) Wollewickeln (ab 7 Jahren)

Wir lassen das Kind ein blaues Wollknäuel um den kleinen Finger und den Daumen der linken Hand in Form einer Acht aufwickeln. Die Finger müssen dabei gestreckt bleiben, und die Wolle muß im Uhrzeigersinn über den kleinen Finger, dann unter ihm durch und gegen den Uhrzeigersinn über den Daumen gewickelt werden. Die Füße stehen leicht auseinander und parallel. Dies ist ein wichtiger Teil der Übung.

Dies wird mit *roter* Wolle an der *rechten* Hand wiederholt, und zwar in entgegengesetzter Wickelrichung.

Beobachtungen

Diese Übung richtet sich auf das Zusammenspiel von Elle und Speiche, den Wechsel zwischen «Strecken» und «Aufrichten». Sie verlangt ein Maximum an Drehbewegungen. Es kann sein, daß die Wolle fester und fester gewickelt wird, bis Daumen und kleiner Finger ganz zusammengebunden sind. Man beobachte, wie die Bewegungen den ganzen Körper ergreifen. Wenn der Fluß durch eine Blockade unterbrochen wird, verlagert sich das Gewicht von beiden Füßen auf einen Fuß, die Hüften verdrehen sich, die Schultern ziehen sich zusammen etc. Das Kind soll entspannt und geschickt wickeln lernen (man benutze ein halbes Knäuel Wolle). Die Wolle soll anschließend im

Uhrzeigersinn und vom Körper weg nach außen wieder auf das Knäuel aufgewickelt werden. Manche Kinder wickeln sie andersherum, was der natürlichen Armbewegung widerspricht.

d) Drehen eines Wollstranges (ab 7 Jahren)

Ein Strang Wolle ist ein ungewöhnliches Phänomen für ein modernes Kind: Man wickle selbst mit einem Wollknäuel einen Strang um die Arme des Kindes. Der Strang wird an drei Stellen zusammengebunden. Den fertigen Strang legt man über beide Handgelenke des Kindes. Dabei bleibt er gespannt. Das Kind soll ihn nun mit seinem rechten Handgelenk drehen, bis er fest ist, dann soll es ihn wieder aufdrehen. Wir lassen es den Vorgang mit der linken Hand wiederholen, dann mit beiden zusammen. Wenn das Kind den Strang mit seinen Armen geschickt winden kann, legen wir ihn über die Hand zwischen Daumen und Zeigefinger. Wir beenden diese Übung immer damit, daß der Strang zu einer schönen Acht mit verschränkten Enden gewunden wird.

Beobachtungen

Sehr oft springen die Muskeln um die Schulterblätter herum beim Versuch, die ungeübten Drehbewegungen zu ordnen und zu richten. Man beobachte das Phänomen, wie durch stetes Winden der Strang sich schließlich in sich selbst verdreht.

Das ist das Motiv, das hinter der Überreizung der Sinne des «sich streckenden Menschen» steht. Um sich vor der Flut der Sinneseindrücke zu schützen, verdreht sich die eigene Bewegung, so daß die natürliche Reaktion des «sich aufrichtenden Menschen» blockiert wird. Das bedeutet: Der Astralleib kann sich nicht vom ätherischen und physischen Leib lösen, und die Synapsen werden blockiert.

e) Murmeln (ab 7 Jahren)

Nachdem wir die «Aufrichtebewegungen» im Oberkörper aktiviert haben, wenden wir uns den unteren Gliedmaßen zu.

Wir lassen den Schüler die Socken ausziehen, nachdem wir ihn gefragt haben, ob seine Füße sauber sind oder ob er diese Übung lieber das nächste Mal machen möchte. Er sollte nun auf einem Tisch sitzen und die Beine baumeln lassen, so daß die Bewegung durch den ganzen Körper gehen kann. Wir stecken eine Murmel zwischen den großen und den zweiten Zeh beider Füße und bitten das Kind, diese wieder loszuwerden. Danach ist das zweite Zehenpaar dran, und so weiter bis zum kleinen Zeh – dazwischen gibt es lange Pausen, und die Zehen werden viel bewegt. Die Murmeln sollten so tief wie möglich zwischen die Zehen gesteckt werden.

Manche Kinder haben so schlaffe Zehen, daß sie die Murmeln gar nicht halten können. Wir lassen sie Murmeln vom Boden aufheben. Mit Murmeln zwischen den Zehen zu gehen ist auch eine Möglichkeit.

Beobachtungen

Viele unbewegliche, undurchdrungene Füße wird man auf diese Weise zu Gesicht bekommen. Die Bewegung der Füße setzt sich in Finger- und Unterkieferbewegungen fort, meistens ist eine Seite mehr von diesen Mitbewegungen betroffen. Man notiere sich dies als Grundlage für die Bewegungsabfolge in den Malübungen, die später beschrieben werden. Schüler jeden Alters mögen diese Übung. Fünfzehn- und Sechzehnjährige sind über ihre Ungeschicklichkeit baß erstaunt. Die Reaktionen sagen viel über ihren Charakter aus.

2. Übungen zur räumlichen Orientierung

a) Bewußtsein von rechts und links (ab 7 Jahren)

Man benötigt zwei weiche Bälle, möglichst einen roten und einen blauen. Bälle aus Wolle eignen sich ebenfalls. Das Kind hat einen Ball in jeder Hand. Es soll den Ball in der rechten Hand hochwerfen und währenddessen den Ball in der linken Hand weitergeben, so daß es den geworfenen Ball mit der linken Hand fangen kann. Die Übung wird wiederholt, bis ein Rhythmus entsteht. Nun soll das Kind mit der linken Hand beginnen.

Beobachtungen

Diese Übung weckt im Kind das Bewußtsein von rechts und links in den «Aufrichtebewegungen». Oft wirft es beide Bälle gleichzeitig in die Luft, woran man sieht, daß sein Wille den Körper ungenügend ergreifen kann. Vielleicht gelingt ihm das Werfen mit der rechten Hand gut. Wenn jedoch die linke Hand mit ins Spiel kommt, bewegt sich die rechte symmetrisch mit. Die rechte Körperseite ist nicht unabhängig von der Aktivität der linken Seite. Also beherrscht der Wille nicht die leibliche Grundlage. Auch das Gegenteil kommt vor, daß die linke Seite von der rechten abhängig ist.

Wir können bei dieser Übung beobachten, wie sehr Kinder in den «Streckbewegungen» verharren. Sie übertreiben sie, in dem sie den herunterfallenden Ball mit nach unten geöffneter Hand aus der Luft schnappen. Diesem Bedürfnis, sich die Sinneseindrücke energisch zu eigen zu machen, kann durch das Kugeldrehen (S. 79 f.) und das Ballprellen (S. 87 f.) entgegengesteuert werden.

b) Bewußtsein von oben und unten
(ab 7 Jahren)

Das Kind nimmt einen Ball in jede Hand, wirft zuerst den rechten von außen unter dem rechten Bein hindurch und fängt ihn wieder mit der rechten Hand; dann wird das gleiche links gemacht. Wenn ein Rhythmus entstanden ist, kann man so durch den Raum gehen und schließlich noch das Alphabet vorwärts und rückwärts dazu aufsagen.

Beobachtungen

Oft müssen sich die Kinder sehr anstrengen, die Beine, vor allem das linke, hoch genug zu heben. Überkreuzende Muster, das heißt den Ball in der rechten Hand unter dem linken Bein und umgekehrt hindurchzuwerfen, zeigen, daß das Kind keine unabhängigen, sich über den ganzen Leib erstreckenden Bewegungen durchführen kann (man beachte den Zusammenhang dieser Bewegungen mit dem konvexen und konkaven Spiegelungsprozeß in Kapitel II). Das Kind soll weiter üben, bis es die Geschicklichkeit und Koordination von Bewegen, Sprechen und Denken erlangt hat.

Eine Variation dieser Übung ist folgende: Das Kind sitzt und klatscht über und unter dem rechten Bein, dann über und unter dem linken Bein. Dabei zählt es bis hundert und zurück oder sagt die Multiplikationsreihen auf.

c) Bewußtsein von vorn und hinten (ab 7 Jahren)

Für die folgende Übung braucht man einen Kupferstab. Der Schüler hält den Stab senkrecht mit gestreckten Armen vor sich, die rechte Hand über der linken. Er läuft vorwärts und rückwärts, wobei er laut zählt oder einen Spruch aufsagt und bei jeder Zahl oder jedem Wort einen Schritt macht; das Ganze wird mindestens dreimal gemacht.

Dann wird die Position des Stabes geändert: hinter dem Rücken senkrecht gegen die Wirbelsäule gehalten. Der Schüler wiederholt die Abfolgen mit Gehen und Sprechen. Bei schlechter Haltung – Rundrücken, ungeformte Sitzhaltung – legen wir ihm den Stab horizontal über die Schultern und lassen ihn schreiten und sprechen.

Beobachtungen

Man achte darauf, welche Richtung schwierig ist. Verbessert sich das Kind schnell oder langsam? Falls die Entwicklung langsam vorangeht, kann der Prozeß durch eine Malübung unterstützt werden.

d) Ganzkörperübung (ab 9 Jahren)

Das Kind steht mit geschlossenen Füßen und geballten Fäusten da. Es boxt nach vorne, wobei die Schultern mit nach vorn gerissen werden. Dann boxt es
- in Richtung Decke
- nach links und rechts «gegen die Wände»
- vorgebeugt, Kopf locker hängend, gegen den Fußboden zu.

Beobachtungen

Man beobachte, ob der Körper auf der rechten und auf der linken Seite steif ist und ob es im Nacken knackst, wenn sich das Kind beugt. Mit der Dreieck-Stab-Übung (siehe S. 81 f.) kann daran gearbeitet werden. Diese «Boxübung» ist bei kräftigen, aber frustrierten Kindern sehr beliebt.

3. Übungen zur Überwindung von unreifen Bewegungsmustern (ab 7 Jahren)

Man übe Robben und Krabbeln mit den Kindern, wie es auf Seite 22 und 54 beschrieben wird.

a) Robben: links – rechts – horizontal (ab 7 Jahren)

Bei diesen Übungen entdeckt man tiefersitzende Spannungen in feinen Bewegungsabläufen – auch bei manchen Kindern, die sehr geschickt klettern, rennen und turnen. Wir müssen uns bemühen, die wenig oder gar nicht betätigten Gebiete des Körpers zu aktivieren.

Wenn man Kinder auf den *Unterarmen* robben läßt, erscheinen viele versteckte Gebärden, die vorher unbewußt im Körper zurückgehalten wurden. Manche Kinder stützen beim Robben ihr Kinn mit den Händen, wobei sie sich mit den Ellbogen abstoßen. Andere ballen die Fäuste, bis die Knöchel weiß werden, und robben Arm über Arm mit den Händen dicht am Körper, als ob sie alles vor ihrer Brust einsammeln wollten. Manchmal bewegt sich ein Bein langsamer mit oder kann nicht gebeugt werden. Oft sind die Füße gar nicht durchdrungen und werden nur nachgezogen. Alle Kinder erleben das Gewicht ihres Körpers. Oft sitzt der Nacken zwischen den Schulterblättern fest, so daß ihnen Kurven Mühe bereiten. Als Unterstützung in diesem Fall empfiehlt sich die nachfolgende «Raupenübung».

b) Die «Raupenübung»
(ab 7 Jahren)

Das Kind liegt auf dem Rücken und stößt mit den Fersen seinen Körper rückwärts durch den Raum. Nun zieht es ihn mit den Fersen in die andere Richtung. Die Arme dürfen nicht mithelfen, nur der Körper darf sich wölben und wieder flach werden, um die Bewegung zu unterstützen.

c) Der «Große Wagen»
(ab 7 Jahren)

Das Kind kniet auf allen vieren auf dem Boden. Es streckt den rechten Arm so weit nach hinten, wie es kann, und führt ihn in einem hohen Bogen möglichst weit nach vorn. Kopf und Augen verfolgen die Armbewegung. Jetzt rückt das rechte Knie bis zum Handgelenk vor. Dann ist die linke Seite dran. Wir lassen das Kind den «Großen Wagen» wiederholen, bis ein guter Rhythmus entsteht.

d) Wettkampfübung
(für Jungen ab 11 Jahren)

Zwei Jungen liegen auf dem Bauch, halten mit der rechten Hand den linken Ellbogen fest und mit der linken Hand den rechten und bewegen sich so durch den Raum, ohne die Ellbogen loszulassen. Wer zuerst die Ellbogen losläßt, hat verloren.

4. Rhythmusübungen

a) Die Kupferkugelübung
(ab 10 Jahren)[22]

Wir brauchen zwei Kupferkugeln (oder zwei mittelgroße Orangen) und einen weichen Ball. Der Lehrer kann diese Übung auf der Kantele begleiten.

Das Kind liegt auf dem Rücken, die Arme liegen entspannt neben dem Körper, die Handflächen zeigen nach oben. Der Lehrer legt dem Kind in jede Hand eine Kugel. Den Ball steckt er dem Kind zwischen die Füße, so daß es sie zusammenhält.

Teil 1:

Das Kind hebt den Kopf so weit, bis es eine Hand sehen kann (freie Wahl!). Dann hebt es einen Arm, führt ihn hoch, bis es ihn senkrecht hält, dreht nun die Hand und führt den Arm langsam rückwärts neben seinen Kopf auf den Boden. Es verfolgt mit den Augen die Kugel so lange, bis der Arm wieder liegt. Den Kopf muß es dabei drehen. Jetzt hebt es den anderen Arm, bis auch dieser ausgestreckt hinter dem Kopf liegt. Dann entspannt es die Arme. Jetzt schaut es wieder nach dem ersten Arm, führt ihn in die Senkrechte, dreht die Hand und legt ihn neben den Körper. Der andere Arm wird genauso zurückgeführt. Beide Arme liegen entspannt neben dem Körper.

Das Kind macht in diesem Rhythmus weiter, wobei die Entspannung zwischen den Bewegungen besonders wichtig ist. So verschwinden nach und nach die Verspannungen der «Streckbewegungen», und das Kind findet sich in die ungewohnten «Aufrichtebewegungen» hinein. Wir steigern die Übungsdauer langsam bis zu fünf bis sieben Minuten.

Teil 2:

Das Kind hat die Augen geschlossen. Beide Arme liegen neben dem Körper. Sie werden gleichzeitig hochgeführt, und die Hände werden gedreht, wenn sie den höchsten Punkt erreicht haben. Am Ende der Bewegung liegen beide Arme entspannt hinter dem Kopf auf dem Boden. Die Bewegung wird zum Ausgangspunkt zurückgeführt und einige Male wiederholt. Wir steigern die Übungsdauer langsam bis zu fünf bis sieben Minuten. Während der ganzen Übung bleiben die Augen geschlossen.

Teil 3:

Die Augen sind geschlossen. Eine Hand liegt hinter dem Kopf, die andere neben dem Körper. Das Kind bewegt die Arme, bis die Positionen vertauscht sind. Dabei muß man den Moment der Drehbewegung spüren, wenn beide Arme die gleiche Höhe erreicht haben. Übungsdauer: fünf bis sieben Minuten. Wenn der Lehrer diese

Übung musikalisch begleitet, richtet er sich nach den Bewegungen des Kindes und erlegt ihm nicht den eigenen Rhythmus auf.

Beobachtungen

Dies ist eine der wichtigsten Übungen, die außerordentlich viel über die Situation des Kindes aussagt. Es kann sein, daß es nicht die dominante Hand als erste wählt. Manchmal gehen die Füße auseinander; dann stecken wir dem Kind den Ball wieder zwischen die Füße. Bei der Bewegung nach unten dreht sich die Hand möglicherweise nicht in die richtige Richtung – wenn dies nach sechs bis acht Unterrichtsstunden noch so ist, können wir ein Pfund Zucker in ein Tuch wikkeln, das das Kind von der «falschen» in die richtige äußere Position heben soll. Wir lassen dies einige Male wiederholen.

Es kann sein, daß das Drehen der Hand undeutlich wird und erst stattfindet, kurz bevor die Hand den Boden erreicht. Die Arme entspannen sich nicht vollständig. Das Kind sollte sie vorsichtig beugen und nach unten führen, bis die Schultern flach auf dem Boden liegen. Die Entspannungspause ist der wichtigste Teil der Übung.

Wenn die Augen offen sind, vergißt das Kind oft, die Bewegung zu verfolgen, sondern starrt geradeaus. Es kann sein, daß es zuerst nach unten schauen muß, bevor es nach oben schauen kann.

Sind die Augen geschlossen, kommt es manchmal zu unruhigen, blinzelnden, zuckenden Bewegungen. Manchmal rollen sich die Augäpfel in Richtung der Arme, als ob sie von der Bewegung mitgezogen würden. Wenn die Übung den Körper zu durchdringen beginnt, bewegt sich das Kinn hin und her. Bewegen sich die Arme gegenläufig, kann es sein, daß ein Arm aufhören und zurückgehen muß, bevor der andere Arm seine Bewegung beenden kann. An einem bestimmten Punkt werden Kinder plötzlich unrhythmisch, sie machen kaum Pausen zwischen den Bewegungen: Dies ist das Symptom einer bestimmten Stufe und muß durchlaufen werden. Manche Kinder schließlich halten den Atem gegen die Bewegung an. All dies sind Zeichen von Streß, Hektik und Druck, denen sie ausgesetzt waren. Einige Kinder, die sehr verspannt sind und zu stark in den «Streckbewegungen» leben, können, wenn sie sich zum ersten Mal entspannen, am Ende der Übung nicht aufstehen – dies zeigt uns, was für einen begrenzten Teil ihres Körpers sie wirklich beherrschen können. Nun verfolgen wir, wie sich die Bewegung von einem schnellen, unkonzentrierten Heben zu einem bewußten Tragen und Legen verändert.

Manche Kinder müssen Kopf und Schultern heben, um die Bewegung von unten bis oben verfolgen zu können. Die Augen schließen sich vielleicht, wenn sich der Kopf von der einen Seite zur anderen dreht. Wir wenden die Boxübung und die Stabrollübung an, um dies zu lockern. Man beobachte auch die Lippen: Oft formen sie einen oder mehrere Vokale, wenn die Bewegungen tiefere Ebenen des Körpers erreichen.

Gute Anzeichen:
- Wenn alle erwähnten Bewegungen verschwinden und das Kind sich harmonisch bewegt
- wenn es tief atmet
- wenn es beginnt zu seufzen und zu gähnen
- wenn eine friedliche Atmosphäre zwischen Kind und Lehrer entsteht.

Man lasse dieser Übung immer die Übung «Gerade Linie und Acht» folgen, die später beschrieben wird (siehe S. 93 ff.).

b) Das Kugeldrehen (Einführung für die dreifache Spirale) (ab 8 Jahren)

(Wenn bei dieser Übung Fehler auftauchen, müssen sie korrigiert werden.)

Der Schüler steht und hält eine Kupferkugel oder eine Apfelsine in jeder Hand und hat einen Tennisball unter einem Fuß. Er hebt eine Hand und dreht die Kugel, indem er den Daumen aus der Richtung des kleinen Fingers über die Hand bewegt (die Kugel in der rechten Hand dreht sich dann gegen den Uhrzeigersinn). Wenn die Bewegung sicher ist, hebt der Schüler die andere Hand und bewegt die Kugel immer weiter, indem er den Daumen vom kleinen Finger aus über den Handballen dreht (die Kugel in der linken Hand bewegt sich im Uhrzeigersinn).

Nun kommt die Fußbewegung hinzu, indem die Kugel mit der Fußsohle immer nach innen gedreht wird. Jetzt läßt man einen

Spruch dazu sprechen. Alles bewegt sich. Die Übung wird mit dem anderen Fuß wiederholt.

Beobachtungen

Man achte darauf, zu welcher Hand das Auge schielt, welches Bein die Richtung ändert, welche Hand vergißt zu drehen. Das Kind sollte so geschickt werden, daß es die Arme hoch genug halten und vertrauensvoll geradeaus schauen kann. In solchen Übungen sieht man die Hindernisse im Bewegungsfluß, die die Ursache für einen Dominanzwechsel sind.

d) Die dreifache Spirale
(ab 6 Jahren)

Die dreifache Spirale ist eine gute Übung für rastlose, hippelige Kinder, für verträumte Kinder oder für solche, die Schlafschwierigkeiten haben.

Man zeichnet in einer breiten roten Linie eine große Spirale im Uhrzeigersinn auf einen großen Bogen Papier oder Pappe (50 cm x 75 cm) und legt sie auf den Boden.

Das Kind sitzt bequem auf einem niedrigen Stuhl vor der Spirale und hält eine Kupferkugel oder einen anderen Gegenstand – etwa einen Kristall – in der linken Hand. Der rechte Fuß beginnt in der Mitte der Spirale und bewegt sich nach außen, der linke Fuß übernimmt die Endposition und führt die Bewegung wieder nach innen. In der Mitte angekommen, wird der Fuß zurückgezogen und neben den anderen gestellt. Dann neigt sich das Kind nach vorne und fährt mit seiner rechten Hand von außen nach innen die Spirallinie nach. Diese Übung wird anfangs zwölfmal wiederholt und die Dauer dann auf bis zu fünfzehn Minuten gesteigert.

Das Kind darf sich entscheiden, mit welchem Fuß es die Übung beginnen möchte, aber die Bewegungen der Füße sind, bezogen auf den eigenen Körper, nach innen gerichtet. Es ist immer die rechte Hand zu benutzen. Die linke Hand bleibt unbeweglich und hält eine Kupferkugel oder einen schweren Gegenstand. Dies gilt sowohl für Rechtshänder als auch für Linkshänder.

Beobachtungen

Häufig sieht man plötzliche Fehler, zum Beispiel, daß derselbe Fuß wiederholt oder das Kind mit der Hand in der Mitte der Spirale beginnt. Diese Übung und die Kugeldrehübung sind die einzigen, die korrigiert werden müssen.

d) Die Dreieck-Stab-Übung mit Spruch (ab 12 Jahren)[23]

Der Kupferstab liegt vor den Füßen auf dem Boden. Das Kind steht mit aufeinandergelegten Handflächen, so daß die Fingerspitzen der einen Hand auf dem Handgelenk der anderen Hand ruhen.

Der Lehrer sagt: «Schwere lastet abwärts.»

Das Kind hebt seinen linken Fuß und stellt ihn zur Seite, dann seinen rechten, so daß es stabbreit steht.

Der Lehrer sagt: «Licht strömt aufwärts.»

Hände und Arme werden von der Mitte nach außen hochgehoben, der Abstand zwischen beiden Händen ist ebenfalls stabbreit.

Während das Kind den Abstand beibehält, beugt es sich nach vorn – der Kopf bleibt immer auf der Höhe der Arme –, bis es den Stab berührt. Es nimmt den Stab hoch, bis die Arme über dem Kopf sind. Langsam wird der Stab wieder zurückgelegt; Kopf und Arme bleiben auf gleicher Höhe. Der Schüler führt Arme und Körper zur Ausgangsposition nach oben. Dann springt er in die ursprüngliche Stellung zurück: geschlossene Füße und seitlich angelegte Arme. Die Übung wird dreimal wiederholt.

Beobachtungen

Die Kommentare der Kinder unterstreichen die Notwendigkeit dieser Übung. Es ist für sie immer schwierig, den Kopf so zu halten wie die Arme. Der Kopf wird nach vorn gestreckt, der Nacken wird festgehalten, oder die Knie sind zu steif, so daß sich das Kind bücken muß, um den Stab aufzuheben.

Nachdem die Übung bewältigt worden ist, sind Schüler und Lehrer sehr zufrieden!

5. Förderung der Dominanz auf der rechten oder linken Körperseite

Wir wenden diese Übung für Kinder zwischen sechs und elf Jahren an. Man zeichnet auf ein Stück Papier oder Pappe (20 cm x 30 cm) folgende Form:

Das Plakat wird aufrecht gegen die Wand gelehnt. Das Kind sitzt auf dem Boden davor und fährt die Form in der gleichen Bewegungsabfolge nach wie beim rechteckigen Dreieck (siehe unten). Wenn das Kind auf Anraten des Schularztes linksseitig bleiben soll, muß die Sequenz folgendermaßen sein: beide Füße, linker Fuß, linker Fuß und linkes Auge, linker Fuß und linke Hand etc.

a) Rechtwinkliges Dreieck (ab 11 Jahren)

Diese Übung verbessert und korrigiert dasjenige, was der Seitigkeitstest gezeigt hat. Auf vier großen Bögen (75 cm x 50 cm) zeichnet man etwa 70 cm hohe Dreiecke, so daß in jede Ecke ein Dreieck zu liegen kommt (siehe Abb. 7).

Das Kind sitzt vor dem Dreieck A, welches aufrecht gegen die Wand gelehnt ist.

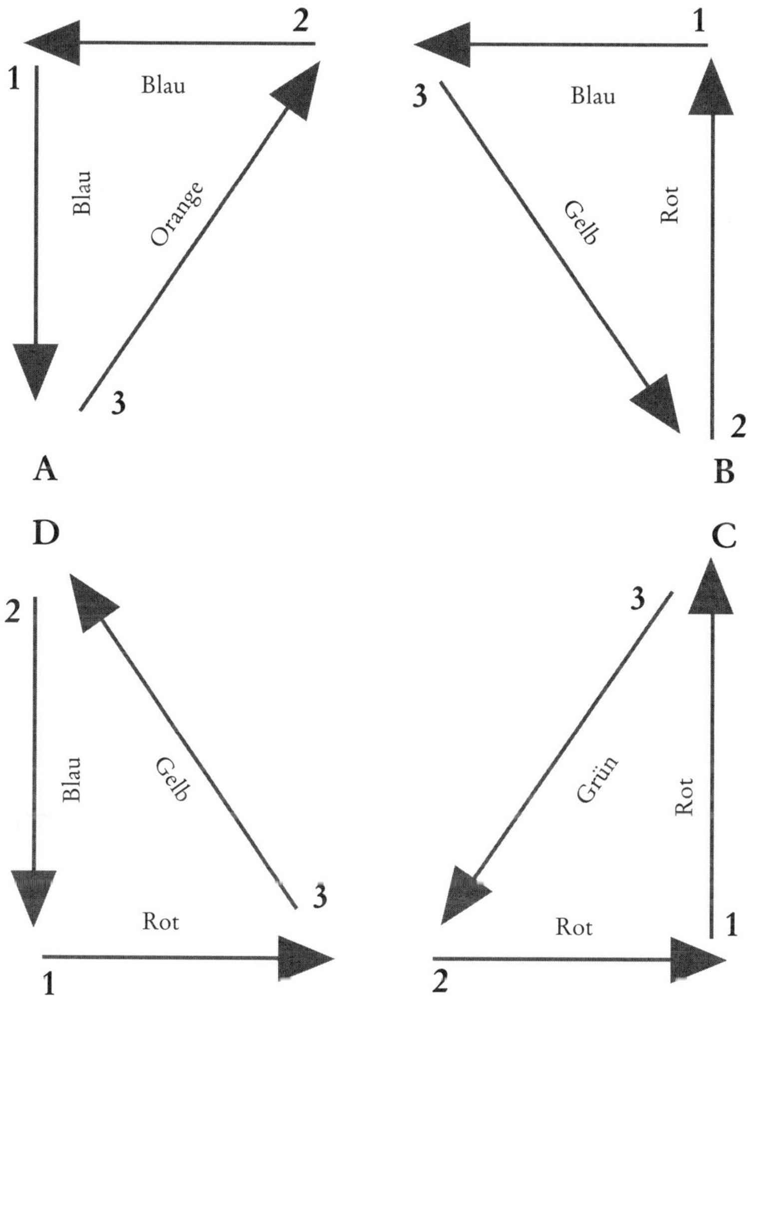

Abb. 7a.
Das rechtwinklige Dreieck für das rechtshändige Kind (Dreieck A und B werden auf den ersten Bogen, C und D auf den zweiten Bogen gezeichnet).

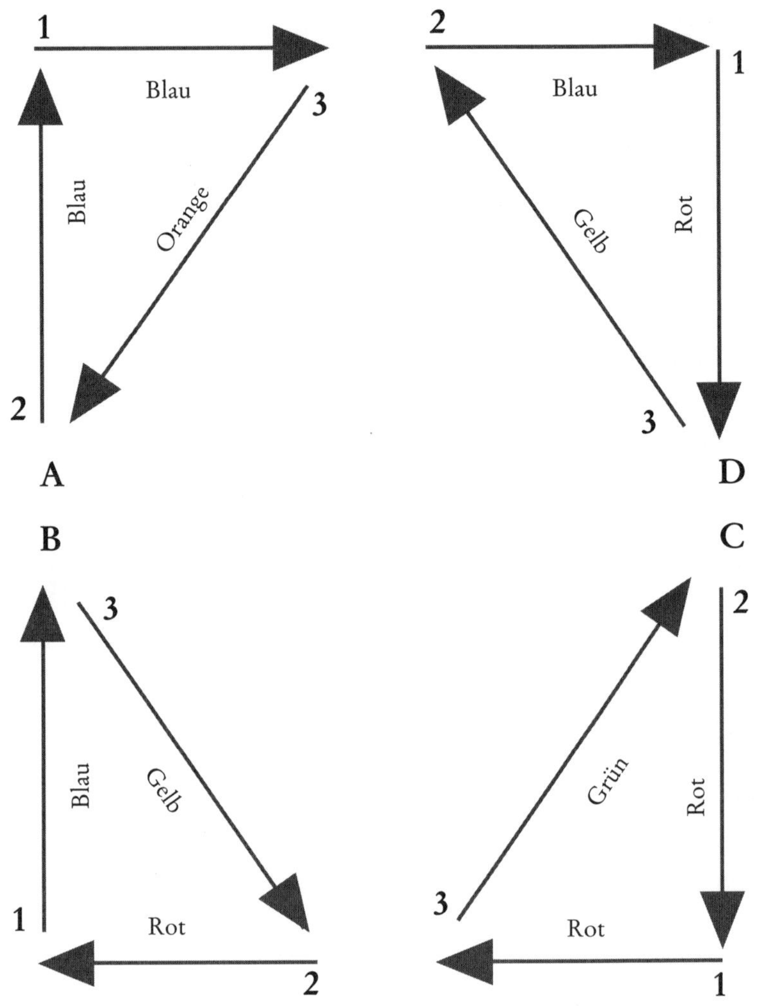

Abb. 7b:
Das rechtwinklige Dreieck für das linkshändige Kind (Dreieck A und B werden auf den ersten Bogen, C und D auf den zweiten Bogen gezeichnet).

1. Mit beiden Füßen, zusammengehalten, werden die Linien von der Zahl in Richtung Pfeil nachgezogen. Zwischen jeder Linie werden die Füße wieder auf den Boden gestellt. Wir lassen dies dreimal wiederholen.

   Jetzt zeichnet das Kind die Dreiecke mit:
2. dem rechten Fuß; dreimal wiederholen
3. dem rechten Fuß und der rechten Hand; die Bewegungen ebenfalls wiederholen
4. dem rechten Fuß, der rechten Hand und dem rechten Auge
5. beiden Händen zusammen; das Kind legt die Hände zwischen den Bewegungen in den Schoß
6. der rechten Hand
7. der rechten Hand, dem rechten Auge
8. dem rechten Auge (das linke kann mit der linken Hand zugehalten werden).

Das Kind wiederholt die Sequenz mit Dreieck B, C und D. (Für die Übung braucht man zwölf Minuten.) Eine Variation der Übung besteht darin, jedes Glied nur einmal zu bewegen, was fünf bis sieben Minuten dauert. Für Kinder, die linkshändig bleiben und die linke Körperhälfte stärker aktivieren, gilt die entsprechende Abfolge (linker Fuß; linke Hand, linkes Auge usw.).

Es empfiehlt sich, das Kind nach der Übung einige Minuten auf einer Leier oder Kantele spielen zu lassen.

Beobachtungen

Diese Übung zeigt uns mangelhafte Körpergeographie, Ausfälle in der Erinnerung und zögernde Bewegungen. Sie festigt die Dominanz; sie belebt das Kind und stärkt es, schlechte Gewohnheiten zu überwinden, die es in den ersten sieben Lebensjahren nachahmend in seinen Leib aufgenommen hat.

Wir können diese Veränderung vor allem bei einer erneuten Überprüfung der Farbneigung des Auges feststellen. Kinder, die in ihrer ersten Stunde einen zunehmenden Mond gemalt haben, gehen oft zum Vollmond über, was uns zeigt, daß die Lebenskräfte in ihrer linken Körperhälfte stärker werden.

Mit wachsender Erfahrung wird der Lehrer oft feststellen, daß Unbeweglichkeit der nichtdominanten Körperseite Fortschritte verhindern kann. Ein Hinweis darauf ist die genaue Beobachtung der Augen. Eines der beiden ist dann im Blick starrer. Dies kann auch durch den Seitigkeitstest bestätigt werden, wenn in der Sequenz plötzlich ein Augenwechsel auftritt. Wir sollten nun dem rechtshändigen Kind die Dreiecke für das linkshändige eine kurze Weile zum Üben geben, zum Beispiel täglich zwei bis drei Wochen lang oder einmal wöchentlich mindestens sechs Wochen lang. Gleichermaßen sollte das linkshändige Kind an der rechtsseitigen Sequenz arbeiten. Diese Übung beruht auf den richtigen Bewegungsmustern für die entsprechende Körperseite. Sie kann nicht zu Beidseitigkeit führen. Man überprüfe das Ergebnis mit der Farbneigung der Augen.

6. Übungen zum Strecken und Aufrichten im dreidimensionalen Raum

a) Gewichtheben (oben – unten) (ab 7 Jahren)

Lehrer und Schüler stehen sich gegenüber. Der Lehrer fragt das Kind, wie schwer es ist. Er macht ihm bewußt, daß der Mensch die wundervolle Fähigkeit hat, solch ein Gewicht mühelos zu tragen. Wir werden nun das Gewicht erfahren und lernen, wie wir es heben können.

Das Kind soll sich vorstellen, daß von einem Stern genau über ihm ein Strahl bis in die Mitte der Erdkugel ausgeht. Während die Augen geradeaus auf eine ausgewählte Stelle sehen, soll es nun seine Zehen so hoch strecken, wie es kann, ohne dabei die Fußsohlen anzuheben. Nun drückt es die Zehen so fest es kann gegen den Boden und verankert sich gut damit in der Erde. Dies wird zweimal wiederholt. Jetzt stellt sich das Kind auf die Zehenspitzen. Ganz langsam führt es die Fersen wieder nach unten. Dann wiederholt es die ganze Übung noch zweimal. Der Lehrer achte darauf, daß die Arme locker hängen. Viele Kinder verstecken ihre Hände hinter ihrem Rücken, wenn sie vor einem Erwachsenen stehen.

Beobachtungen

Man achte auf die Füße: Sind sie unbeweglich, einer möglicherweise mehr als der andere? Welcher? Es kann sein, daß beide Füße sich nach außen auf die kleinen Zehen und Knöchel abrollen.

Nach dem zweiten Mal beginnen sich die Hände zu spannen, und die Handrücken werden nach hinten gezogen: Die Zeigefinger beider Hände werden steif, und die ganze Hand dreht sich dabei zur Seite. Wenn die Zeigefinger sich deutlich vom Rest der Hand abspreizen, hatte das Kind zu früh in seiner Entwicklung intellektuelle Anforderungen zu bewältigen. Es konnte diesen Anforderungen nur auf Kosten seines sonstigen Verhaltens und seiner Konzentrationsfähigkeit gerecht werden. Wenn die gesamte Hand zurückgezogen wird, stand es unter großem Druck.

Wenn das Kind den kleinen Finger zur Seite streckt, hat es Schwierigkeiten, den intellektuellen und sozialen Anforderungen der Umgebung zu entsprechen, und fällt in nachgeahmte Verhaltensmuster zurück. Diese Übung hilft, die Spannungen abzubauen, und stärkt das Aufrichteelement, in welchem die Willenskräfte tätig sind. Fingerhakeln ist auch eine hilfreiche Übung bei diesen Problemen.

b) Ballprellen (rechts – links)
(ab 8 Jahren)

Man braucht einen roten und einen blauen Gymnastikball. Die rechte Hand hält den roten Ball auf der Handfläche, die linke den blauen. Abwechselnd prellen die Hände den Ball auf den Boden und fangen ihn wieder mit der Handfläche auf. Das Kind zählt dabei bis zu einer gegebenen Zahl und wieder zurück. Man lasse auch mit ungewöhnlichen Zahlen genügend üben, zum Beispiel von 863 bis 1039.

Beobachtungen

Diese Übung verhilft zu großer Flexibilität zwischen Strecken und Aufrichten. Sie erfordert Willenskraft und Konzentration. Sie ist besonders gut für faule, langsame Denker, für Kinder mit schlechtem Gedächtnis und für solche, die Bewegung meiden. Man fordere das körperliche Durchhaltevermögen des Schülers so weit wie möglich.

Für einen Dreizehn- oder Vierzehnjährigen ist es nicht zuviel verlangt, bis 1000 zu zählen.

Bei Mittellinienproblemen wird nur ein Ball genommen, so daß die Hände sich beim Prellen abwechseln.

c) Stabrollen (vorne – hinten)
(ab 7 Jahren)

Man benötigt einen Kupferstab. Lehrer und Schüler stehen sich gegenüber, strecken mit nach oben gedrehten Handflächen die Arme nach vorn. Der Stab liegt quer auf den Händen des Lehrers, der ihn über seine Innenarme bis zum Hals abrollen läßt. Dann läßt er ihn zurückrollen und auf die ausgestreckten Hände des Schülers, der die Bewegung nachmacht. Wenn der Schüler an der Reihe ist, spiegelt der Lehrer die Armbewegungen nach oben und unten und bekommt selbst den Stab wieder. Der Schüler macht dann die Bewegungen des Lehrers auf die gleiche Weise mit. Wir wiederholen die Übung rhythmisch. Es hilft, dabei zu singen.

Beobachtungen

Diese Übung zeigt schnell die Schwäche in den Oberarmen und die versteckten Gesten, die dazu führen, daß die Oberarme fest an den Körper gepreßt bleiben. Oft drehen sich die Arme um, so daß die Handrücken nach oben weisen. Auf diese Weise entsteht eine Streckgebärde, wenn der Stab nach unten rollt. Manchmal ist die Verkrampfung so stark, daß das Kind die Handfläche erst dann wieder nach oben drehen kann, wenn es den ganzen Arm zurückschwingt, herumdreht und wieder nach vorne führt. Flacher Atem kommt bei dieser Übung zum Vorschein und wird korrigiert.

Man achte darauf, wie der Blick des Kindes sich bei dieser Übung und beim Gewichtheben trübt, wenn sein Wille versucht, den Leib zu durchdringen. In dem Maße, wie es seinen Leib besser durchdringen lernt, klärt sich der Blick, und die Augen leuchten wieder.

7. Zeichenübungen

Wenn das Kind bei unserem Test seinen Namen schreibt, können wir beobachten, wie es mit einem Stift umgeht. Hält es ihn korrekt zwischen Zeigefinger und Daumen, und liegt er dabei auf dem Mittelfinger? Greift der Daumen über den Stift? Man kann recht eigentümliche Stifthaltungen beobachten. Wird der Stift zu fest gehalten, wobei die ganze Hand sich verkrampft, die Schulter hochgezogen oder an den Körper gepreßt wird? Wie stehen die Füße?

Heutzutage müssen Elemente einer guten Körperhaltung für die Arbeit erlernt werden. (Dies ist notwendig, wenn die Kinder mit Freude die eurythmischen Bewegungen ergreifen sollen.) Natürliche Anmut und ein Gefühl für Schönheit in Bewegung und Form nehmen immer mehr ab. Viele Pädagogen arbeiten daran, dies wieder aufzubauen.

Also beginnen wir für eine gute Schreibhaltung mit den Füßen. Der gesamte Fuß sollte die ganze Zeit auf dem Boden stehen. Die Stühle sollten nicht so hoch sein, daß die Kinder nach vorne geneigt auf der Stuhlkante sitzen müssen. Sie sollten so sitzen, daß die Hüften etwas unterhalb der Höhe der Knie sind. Auf diese Weise kann die Armbewegung mit dem ganzen Leib verbunden werden. Der Tisch sollte ebenfalls so niedrig sein, daß der Arm darauf ruhen kann, ohne daß die Schulter hochgezogen werden muß; dabei würde der Bewegungsfluß des Armes blockiert werden.

Durch das Blatt Papier auf der Schulbank wird das Bewußtsein des Kindes sofort auf die zweidimensionale Beziehung zwischen ihm und dem Blatt gerichtet. Das Blatt sollte groß sein und ganz gerade gehalten werden. Das Kind sollte aus einem inneren Gefühl heraus seine Bewegungen über das Blatt nach oben, unten und im Kreis führen können. Wenn sich das Blatt bewegt, erlebt sich das Kind selbst als Fixpunkt, um den herum sich der Raum dreht.

Die Übungen zur Körpergeographie werden die Hand- und Armbewegungen lockern. Um dem Kind zu helfen, sich an seinem Schreibplatz richtig zu bewegen, kann man ausdehnende und zusammenziehende Bewegungen am Tisch üben, zuerst ohne, dann mit Stift. Das Kind legt die rechte Hand mit geballter Faust über die linke Tischhälfte, behält dann die Daumenstellung bei und streckt die Hand voll aus; dann ballt es die Hand zum kleinen Finger hin. Aus der neuen Daumenposition heraus streckt und ballt das Kind die Hand, bis es die Tischkante erreicht. Danach wiederholt es das Ganze mit einem Stift in der Hand.

Um den Druck in der Hand zu lösen, wenn das Kind den Stift hält, können wir auf zweierlei Weise ansetzen: direkt, indem wir das Kind den Zeigefinger vom Stift heben lassen, und indirekt, indem wir den Fuß geschickt machen, was auch die Hand beweglich macht – das heißt, das Kind soll mit dem Fuß Formen zeichnen und Buchstaben schreiben (mit dem rechten Fuß bei Rechtshändern, dem linken Fuß bei Linkshändern).

Die Erfahrung hat gezeigt, daß die Kinder mit Begeisterung die ersten Zeichenbewegungen wiederholen – den «Kritzelwirbel».[24] Das rechtshändige Kind bekommt ein großes Blatt und einen Wachsmalstift, auf dem es von rechts oben nach links unten einen Wirbel im Gegenuhrzeigersinn malt; für den Linkshänder gilt das Umgekehrte: im Uhrzeigersinn. Man benutze diese Übung immer als Vorspann zum Formenzeichnen, bis das Kind sich gelöst hat und seine ganze Energie in die Bewegung legt. Kinder ab elf Jahren sollten danach ein fortlaufendes Spiralmuster auf dem Blatt von links nach rechts, das heißt in Schreibrichtung, zeichnen.

a) Formenzeichnen

Die ersten Zeichenübungen sind fortlaufende Muster, die die Lehrer selbst entwickeln können. Einige Beispiele sind hier wiedergegeben (Abb. 8). Die folgende Methode der Einführung zielt auf die Augen-Hand-Koordination, auf Entspannung und Rhythmus ab. «Das Auge sollte liebevoll verfolgen, was die Hand tut.» (Rudolf Steiner).

1. Wir lassen das Kind die Form in der Luft mit der gesamten Handfläche üben.
2. Dann macht es mit einer Feder dasselbe.
3. Jetzt mit dem Finger; man achte darauf, daß die Augen die Bewegungen immer verfolgen.
4. Das Kind hält das linke Auge zu und wiederholt die Form mit dem rechten Auge und dem rechten Finger.
5. Es schließt beide Augen und macht die Form mit der Hand.

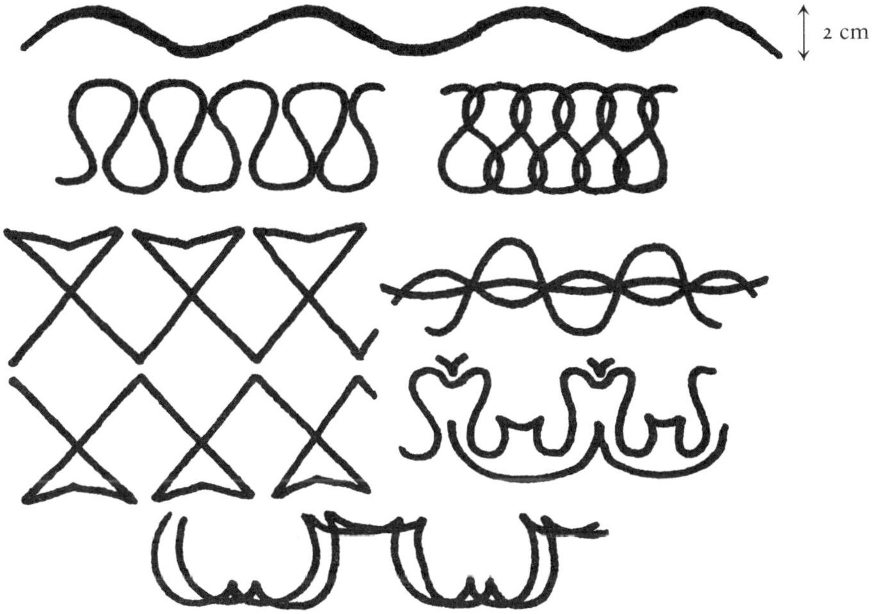

Abb. 8: Verschiedene Musterarten beim Formenzeichnen.

6. Das linke Auge wird mit einer blauen Linse abgedeckt, wenn die Dominanz verändert werden soll (siehe die Übung zum «Zahlenstern», S. 96 ff.), und die Form wird mit dem rechten Auge verfolgt.
7. Jetzt schließt das Kind beide Augen und verfolgt die Form. Wir beobachten die Bewegung der Augäpfel bei den Kindern.

Man achte darauf, daß das Kind bei diesen Übungen innerlich beteiligt ist. Beim Zeichnen ist es wichtig, daß das Kind die Bewegung vom Schweren zum Leichten im Gewicht und in der Farbe erlebt.

Folgende Übungen sollten gemacht werden:

a) Spiegelungsübungen an vertikaler und horizontaler Achse (S. 49 f.)
b) die Blumenstabübung (S. 44 ff.)
c) Lemniskaten in verschiedene Richtungen (siehe Abb. 9 g)
d) Flächenübungen (siehe Abb. 9 a-f und S. 128 f.)
e) sich durchdringende Dreiecke (S. 98 f., ab 11 Jahren)
f) Geometrie des Sechsecks (S. 99 f., ab 11 Jahren).

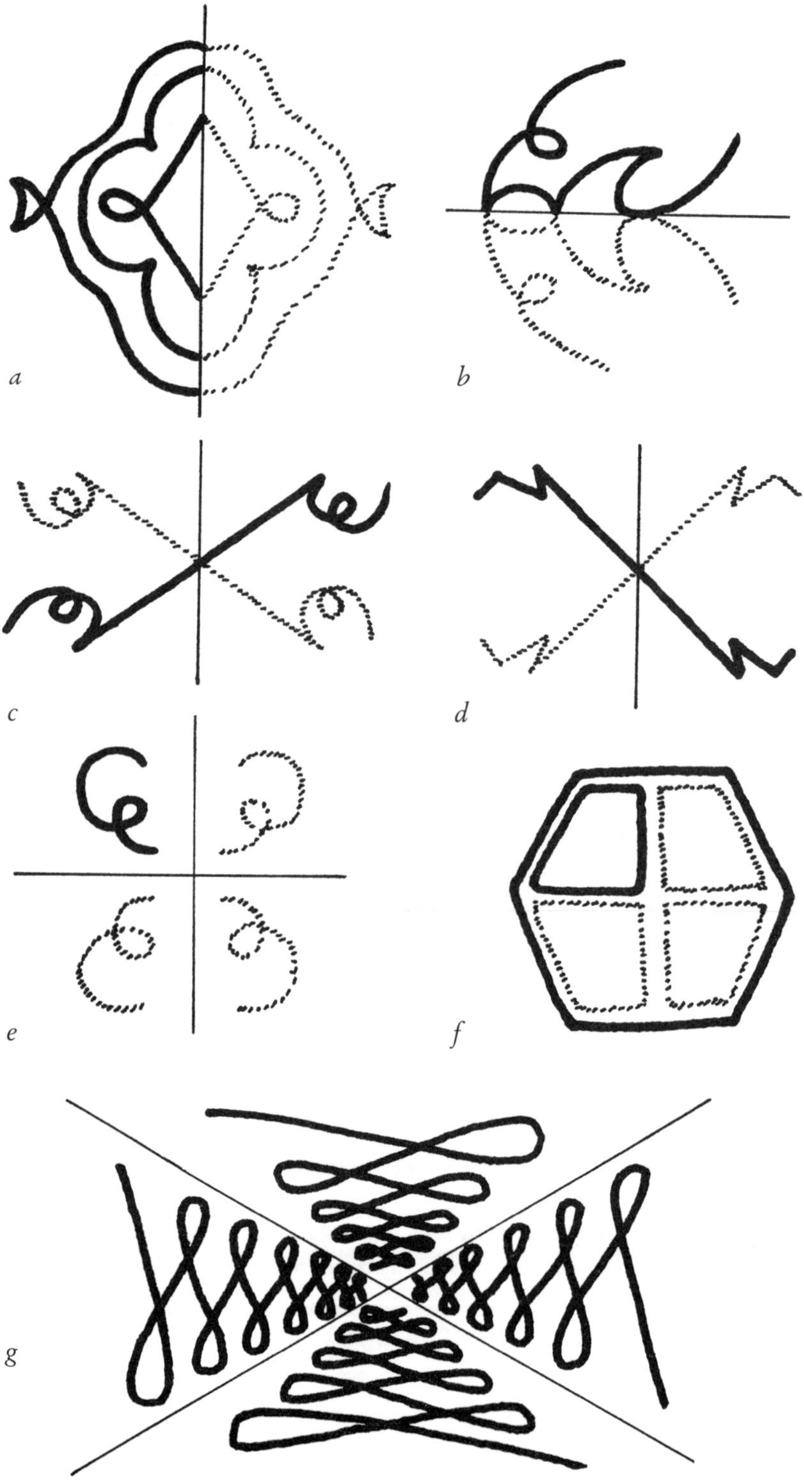
a
b
c
d
e
f
g

b) Gerade Linie und Acht
(ab 8 Jahren)

Diese Übung kann für sich allein gemacht werden; sie folgt immer auf die Kupferkugelübung (S. 76 ff.)

Bei der Übung sitzt man an der schmalen Pultseite. Der Stuhl muß so hoch sein, daß die Knie etwas höher sind als die Hüften. Die Füße werden zusammengehalten und stehen fest auf dem Boden. Das Papier (60 cm x 38 cm) – Architektenpapier oder eine Tapetenrolle eignen sich hierfür – liegt längs vor dem Schüler. Es ist angeklebt oder wird vom Lehrer festgehalten. Der Schüler sollte seine Hand bis zur oberen Kante des Papiers ausstrecken können. Die Form soll die gesamte Länge ausfüllen. Auf diese Weise entsteht eine Art Ruderbewegung, wobei sich ein Schwingen vom Becken über das Rückgrat bis zu den Schultern entwickelt.

Wir bitten das Kind, sich zwei Wachsblöckchen zu nehmen, in jede Hand eines. Alle Finger halten das Blöckchen fest, so daß die Fläche längsgerichtet ganz auf dem Papier aufliegt. Nun soll das Kind mit der einen Hand eine nach oben und nach unten sich bewegende Gerade und mit der anderen eine Acht über die gesamte Länge des Blattes zeichnen, das der Lehrer gut festhält. Welche Hand welche Form macht, ist völlig freigestellt. Der Schüler kann eine Form vor der anderen beginnen, wenn er das beim Erlernen der Übung möchte. Er sollte etwa drei bis sechs Minuten lang die Formen zusammen zeichnen (siehe Abb. 10).

Damit das Kind die Finger nach dem ersten Teil der Übung entspannen kann, zeigen wir ihm folgendes: Wir drehen den Daumen gegen den Uhrzeigersinn mehrere Male um den Zeigefinger. Dann wiederholen wir die Drehbewegung um jeden Finger. Es gibt geeignete Verse zur Begleitung. Dies wird mit der linken Hand wiederholt, diesmal dreht sich der Daumen im Uhrzeigersinn.

Jetzt wenden wir das Blatt: Die Farben werden gewechselt, und die Bewegungsubung wird wiederholt; jede Hand macht nun die andere Form, drei bis sechs Minuten lang.

◁ *Abb. 9 a-g: Spiegel- und Flächenformen. c: Diese Form soll immer in einem anderen Segment gezeichnet werden. f: Bei dieser Form sollen Anzahl und Position der eingezeichneten Formen geändert werden. g: Für die räumlichen Lemniskaten wird eine ganze Seite verwendet.*

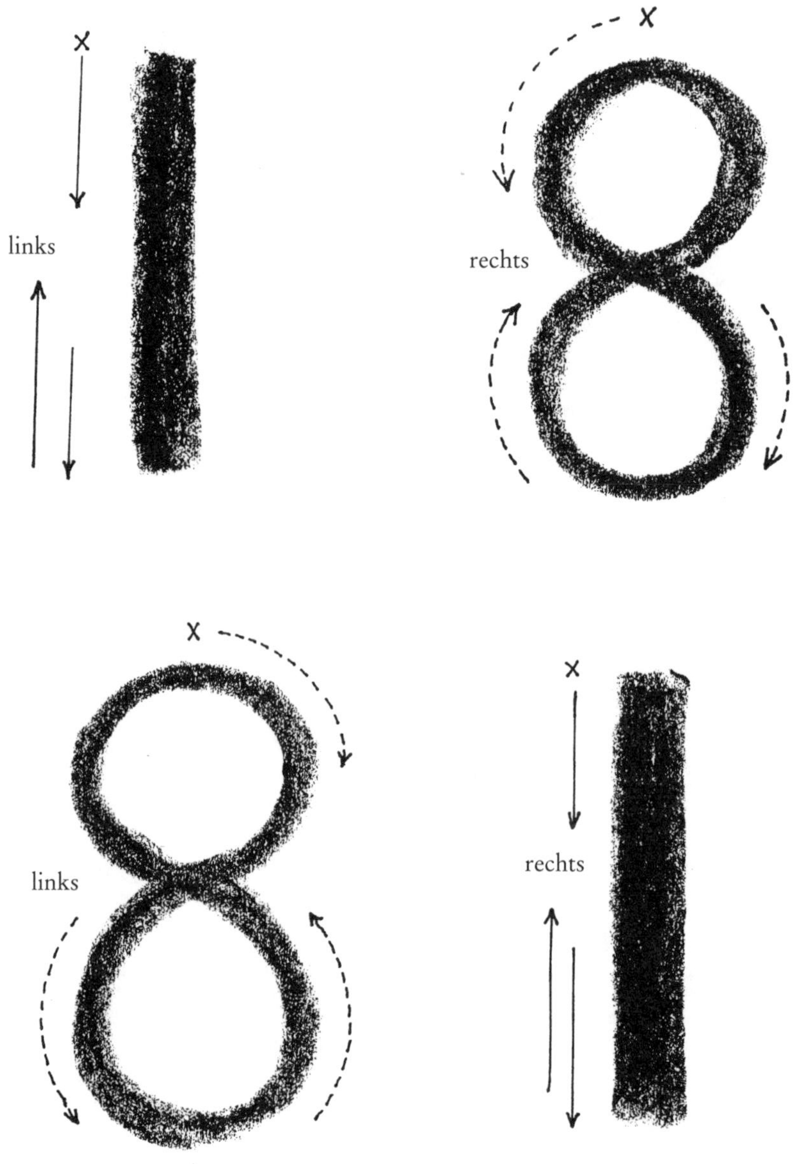

Abb. 10:
Gerade Linie und Acht; oben: Vorderseite des Papiers, unten: Rückseite.

Man achte auf die unterschiedlichen Anfangspunkte und Richtungen und vergleiche sie mit der abgebildeten richtigen Version. Falsche Versionen – zum Beispiel der Beginn unten, die Gerade übernimmt die Lemniskatenbewegung, die Acht wird zur Geraden, plötzlicher Richtungswechsel während der Übung usw. – deuten darauf hin, daß das Sehen und die Bewegungen des Streckens und Aufrichtens nicht übereinstimmen.

Der Lehrer kommentiert bei dieser Übung nicht und greift auch nicht ein. Sie korrigiert sich selbst.

Man beobachte einfach. Wenn die Gegenbewegungen sehr stark sind, empfiehlt es sich, die Dauer zu verkürzen. Erst in der zweiten Unterrichtsperiode dürfen wir dem Kind am Anfang der Übung vorschlagen, daß es sich bei der Acht auf die Linie zu oder von ihr weg bewegen soll. Wir können auch mit dem Finger die richtige Richtung angeben, so daß das Kind ihm folgen kann. Wenn es den Aufforderungen nicht nachkommt, kommentiere oder korrigiere man nicht. Wir wiederholen den Hinweis freundlich und gelassen und sparen weitere Kommentare für die folgenden Stunden auf. Der Lehrer wird dafür ein Gespür entwickeln.

Die Armbewegungen weiten den Brustbereich, der Atem vertieft sich; Ballen und Spreizen, Bewegungen nach vorn und hinten entstehen; die Augen müssen die Handbewegungen verfolgen, die Konzentration wird kontrolliert. Man achte darauf, daß die Füße fest auf dem Boden stehen und daß der Stuhl nicht zu hoch ist. Es ist wichtig, daß das Kind gut sitzt, so daß Rückgrat und Hüfte ganz die Bewegung aufnehmen können. Außerdem müssen wir darauf achten, daß alle Finger, auch der kleine, das Blöckchen gut festhalten.

Berichte von Kollegen legen uns nahe, die Kinder früher zu korrigieren, weil der Eigenbewegungssinn nicht mehr so empfindsam und beweglich reagiert.[25]

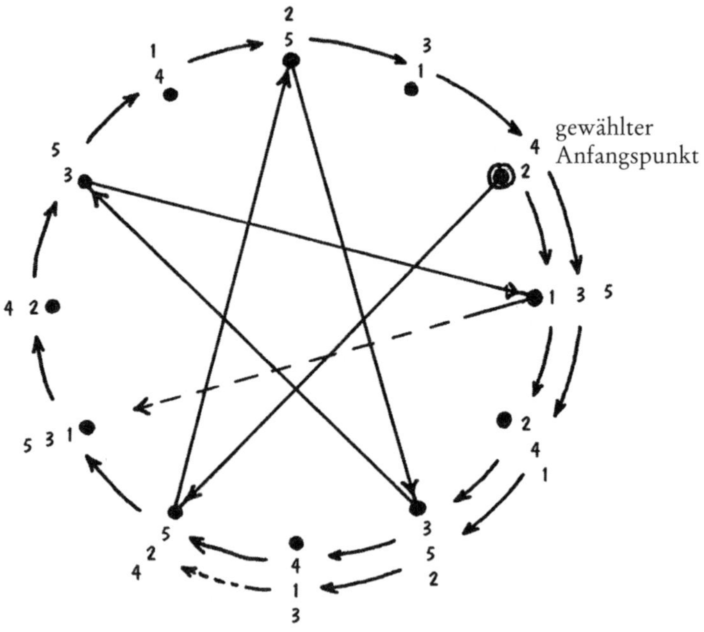

Abb. 11: Der Zahlenstern.

c) Der Zahlenstern (ab 7 Jahren)

Die folgende Übung hilft bei Rechtshändern, die Dominanz des linken Auges auf das rechte hinüberzuführen. Wir decken das linke Auge des Kindes mit einem blauen Glas ab, das in ein altes Brillengestell einfügt wird.

Diese Übung machen wir an der Tafel oder auf einem großen Blatt Papier (66 cm x 60 cm). Entsprechend der Körpergröße des Schülers muß es eventuell größer sein. Die Füße stehen etwas auseinander, müssen während der Übung aber parallel bleiben. Um sicher zu sein, daß das Kind seine zentrale Position nicht verändert, soll es eine Linie um jeden Fuß herum ziehen und in der Form stehen bleiben. Auf diese Weise kann der Schüler dem Überkreuzen der Mittellinie nicht ausweichen. Es ist wichtig, daß der Schüler nicht hängt, sondern mit dem Gewicht gleichmäßig auf beide Beine verteilt steht.

Der Schüler zeichnet einen Kreis, auf dessen Linie er eine selbstgewählte Anzahl Punkte in gleichem Abstand verteilt. Beim ersten Mal, wenn der Schüler noch verkrampft ist, kann der Lehrer einen Punkt oben, einen unten auf dem Kreis anbringen. Der Schüler soll dann die anderen Punkte einfügen. Es ist wichtig, daß er einen eigenen Versuch startet, bevor wir ihm helfen. Wir schlagen ihm nicht das Bild eines Zifferblattes vor, sondern lassen ihn selbst die Raumaufteilung lösen. Auf diese Weise findet er seine innere Beziehung zu einer zweidimensionalen Fläche und der eigenen Bewegung. Die Übung sieht folgendermaßen aus:

Wir zeichnen einen Kreis, auf dem wir zwölf Punkte in gleichem Abstand verteilen. Von irgendeinem Anfangspunkt aus zählen wir fünf Punkte weiter und ziehen eine Linie vom ersten Punkt bis zum fünften Platz. Von der schon gezogenen Linie gehen wir weiter bis zum nächsten Punkt, indem wir wieder bis fünf zählen. Der Arm sollte voll ausgestreckt sein und die Zeichnung mit großen, schwingenden Bewegungen gemacht werden. Der ganze Körper ist bei diesem Zusammenziehen und Ausdehnen beteiligt. Wir machen weiter im Uhrzeigersinn, bis wir wieder am Anfangspunkt landen. Auch für Linkshänder gilt die Bewegungsrichtung im Uhrzeigersinn, denn unsere Schreibrichtung von links nach rechts liegt hier zugrunde. Wenn wir diesen Stern als Hausaufgabe geben, kann er ausgemalt werden. Jede beliebige Anzahl von Punkten kann gewählt werden. Die Linien müssen sich überkreuzen, jeden Punkt berühren und zum Ausgangspunkt zurückkehren.

Beobachtungen

Man achte darauf, daß sich die rechte Hand beim lauten Zählen mit bewegt. Die linke Hand soll den Punkt markieren, zu welchem die Linie gezogen wird. Die Bewegung geht immer im Uhrzeigersinn.

Diese Übung ist gut für Kinder, die im Denken und in der Bewegung träge sind, und auch für solche, die schnell, aber oberflächlich lernen. Sie ist eine heilsame Konzentrationsübung und interessant für mathematisch ausgerichtete Kinder. Sie unterstützt ebenfalls den Abbau der Mittellinie.

Im folgenden sind die Zahlensequenzen wiedergegeben, die sich für den

Zahlenstern eignen. Zum Beispiel kann man auf einem Kreis mit zwölf Punkten entweder jeweils zum fünften oder zum siebten Punkt weiterspringen, so daß jeder Punkt erreicht wird und ein Stern entsteht.

Anzahl der Kreispunkte	«Sprungzahlen»
5	2
7	3, 4
11	4, 5, 6, 7
12	5, 7
13	5, 6, 7, 8
15	4, 7, 8, 11
16	7, 9
17	4, 7, 8, 10, 13
18	5, 7, 11, 13
19	5, 6, 7, 8, 10, 11, 12, 13, 14
20	7, 9, 11, 13

d) Sich durchdringende Dreiecke (ab 11 Jahren)

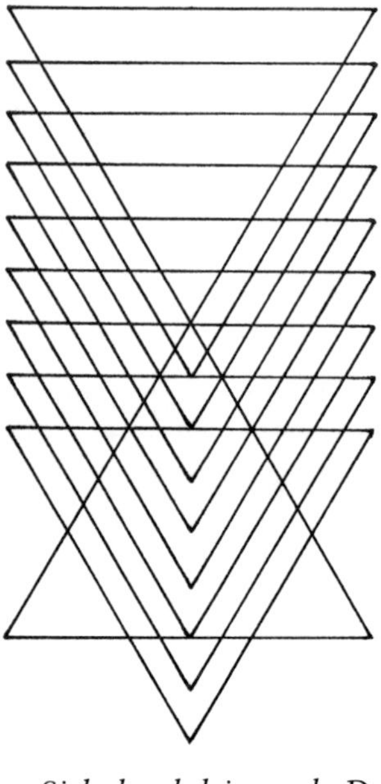

Abb. 12: Sich durchdringende Dreiecke.

Man benutze bei dieser Übung durchgängig die Methode des Freihandzeichnens.

1. Es werden zwei gleichseitige Dreiecke gezeichnet, Spitze auf Spitze. Das obere wird in das untere hineingeschoben, mit einer selbstgewählten Anzahl von Stufen, bis ein Sechsstern entsteht (Abb. 12). Dann wird das Grunddreieck in einer Farbe ausgemalt, die Zacken des bewegten Dreiecks in einer anderen Farbe.
2. Die Übung wird wiederholt, indem das untere Dreieck in das obere hineingeschoben wird.
3. Dann wird die Übung wiederholt, indem abwechselnd beide Dreiecke ineinandergeschoben werden, bis ein Stern entsteht.

Beobachtungen

Das Ziel ist es, Genauigkeit in der Koordination von Hand und Auge und im Abschätzen zu erlangen. Bei dieser Übung erfährt man den Zusammenhang zwischen freier Wahl und der Verbindlichkeit im Umgang mit dem Gewählten. Sie ist sehr heilsam für Jugendliche. Man achte auf das Wachsen oder Schrumpfen des Dreieckes und auch auf Ängstlichkeit, die sich darin zeigt, daß der Abstand der Stufen eng gewählt wird.

e) Geometrie des Sechsecks
(ab 12 Jahren)

Wir zeichnen harmonische, sich überlappende Kreise, wobei der Radius sechsmal den Kreisumfang teilt (Abb. 13). Die Wirkung der Übung besteht nicht so sehr in den daraus resultierenden geometrischen Formen als vielmehr in der ständigen Notwendigkeit, das Kreismuster zu wiederholen.

Erforschen des Musters

Erster Schritt: Der Schüler soll so viele vollständige Kreise wie möglich herausfinden und die Blütenblätter in derselben Farbe ausmalen. Für die «Radiusblätter» darf er die Farbe frei auswählen. Dann drehen wir die Übung um. Der Schuler soll mit den «Radiusblättern» beginnen und dann die Kreise finden.

Abb. 13: Geometrie des Sechsecks.

Man lasse dies nicht aus, weil es einem vielleicht zu einfach erscheint.

Zweiter Schritt: Der Schüler soll die geraden Linien der «Radiusblätter» (Parallelen) herausfinden und sie ausmalen.

Dritter Schritt: Jetzt die Blätter so ausmalen, daß Dreiecke entstehen.

Vierter Schritt: Wir zeichnen die Diagonalen der Kreise ein, um die Sechsecke zu bilden; die übrigen Konstruktionslinien werden ausradiert. Es entsteht ein Wabenmuster.

Fünfter Schritt: Wir beginnen mit dem Hexagon in der Mitte und zeichnen an seine Seiten abwechselnd:

1. Dreiecke, 2. Parallelogramme, 3. Rechtecke, 4. Trapeze, 5. Rhomben (Abb. 13, gestrichelte Linien).

Jetzt soll der Schüler den Sechsstern im Innern des Hexagons herausfinden und ähnliche Sterne danebenzeichnen. Man kann überlappende Muster ausarbeiten, indem man die Seiten des Hexagons als Grundlinien nimmt. Es können zwischen diesen Formen, Rechtekken und Trapezen alle möglichen Muster ausgearbeitet werden. Die Schulung im akkuraten Arbeiten bei den sich durchdringenden Kreisen und die Freude am Entstehen der schönen geometrischen Formen machen diese Übungen zu einer sehr befriedigenden Aufgabe. Die Schüler entwickeln ein mathematisches «Gefühl», das in weiteren Arbeitsschritten ins Bewußtsein gehoben werden kann.

f) Schraffiertes Zeichnen (ab 7 Jahren)

Das lineare Muster verbindet den Sehsinn mit der Denkfähigkeit, die für die Entwicklung der Alltagsintelligenz notwendig ist. Wenn man eine Landschaft oder eine Farbstudie zeichnet und dabei diagonale Striche von rechts oben nach links unten benutzt, tritt man durch die gedankenbestimmte Sinneswahrnehmung in einen bildhaften Bereich. Daran mangelt es unseren Schüler oft ganz besonders, weil die natürliche bildhafte Phantasie der ersten sieben Jahre durch zu starke intellektuelle Ansprüche der Erwachsenen unterdrückt worden ist. Durch dieses schraffierte Zeichnen kann man gesunde imaginative Kräfte erneuern und anregen. Die diagonale Linie spricht den Willen an, der das Sehen auf Ferne und Nähe einstellt. Wir müssen ja selbst unsere Augen im Kopf auf Dinge zu und von ihnen weg bewegen. Der rhythmische Strich verlangt Konzentration und Aufmerksamkeit. Man braucht Geduld, weil das Bild nur langsam erscheint. Das Bild kann leicht durch den Lehrer abgerundet werden, so daß es schön aussieht (siehe Beispiel Abb. 14).

Diese Zeichenmethode kann ab dem siebten Lebensjahr durch einfache Farbübungen eingeführt werden. Zum Beispiel kann man in der Reihenfolge der Regenbogenfarben zeichnen, wobei man in einer

Abb. 14: Beispiel für schraffiertes Zeichnen.

Farbe von einer helleren Schattierung zu einer dunkleren schraffiert. Wenn diese Fertigkeit entwickelt ist, kann man einfache Formen versuchen. Später läßt sich diese Methode für Großbuchstaben verwenden.

In der Klasse sollte man damit beginnen, die Kinder zuerst den Himmel auf diese Weise zeichnen zu lassen. Nach und nach dehne man das Schraffieren auf das ganze Bild aus. Das verhindert eine Überbetonung des Ausmalens, wobei die horizontale Linie die Tendenz hat, als Umriß zu erscheinen. Das bloße Ausmalen von Umrissen beschränkt das Kind in seinem kreativen Selbstausdruck.

8. Malübungen

Es ist wichtig, daß wir alle Malübungen sitzend in der Haltung durchführen, in der wir auch schreiben.

a) Gelbe Sonne am blauen Himmel (ab 6 Jahren)

Die Art und Weise, in der man dieses Bild malt, spricht unterschiedliche Bedürfnisse an. Das Bild kann helfen, den Atem zu harmonisieren. Es hilft dem Kind, sich gehen zu lassen, und auch, sich zusammmenzunehmen. Es ist außerordentlich heilsam für Kinder, die plötzlich anfangen zu lügen und zu stehlen. Dadurch, daß eine Farbperspektive beim Malen entsteht, wird die Seele frei und beweglich. Dies hilft dem Kind, gut und in der richtigen Geschwindigkeit zu lesen.[26]

Wir machen das Blatt ganz naß, indem wir es in ein Gefäß mit Wasser tauchen, und ziehen es auf das ebenfalls nasse Malbrett auf. Die Luftblasen werden weggedrückt, und das überflüssige Wasser wird mit einem Schwämmchen aufgesogen. Wir mischen ultramarinblaue Wasserfarbe mit Wasser zu einem recht kräftigen Ton, ebenso Maisgelb. Nun taucht das Kind einen Pinsel in das Gelb und malt in die Mitte eine Kreisfläche. Es erweitert die Fläche, wobei der Farbton nach außen hin heller wird. Nun malt es mit dem Blau von außen auf das Gelb zu, wobei das Blau immer schwächer wird, bis beide Farben aufeinandertreffen (es darf kein Grün entstehen).

Nächste Stunde:

Wir lassen die Malübung wiederholen, jetzt aber beginnt das Kind von außen und läßt Platz für das Gelb in der Mitte. Diese Sequenz wird so lange wiederholt, bis das Kind ein ausgewogenes Verhältnis zwischen Gelb und Blau sowohl hinsichtlich der Größe als auch der Farbabstufung malen kann.

Nachdem der Schüler eine gewisse Fertigkeit in diesen beiden Übungen entwickelt hat, kann er die Farbperspektive (und sein Interesse) steigern, indem er für das Innere der Sonne Zitronengelb und ihr Äußeres Maisgelb verwendet; dann arbeitet er mit einem Kobaltblau von außen nach innen bis zum Gelb hin. Jetzt wird das Kobaltblau am äußeren Rand mit Ultramarin vertieft. Wir wiederholen diese Farbsequenz, indem wir mit den Blautönen von außen beginnen und dabei Raum für die beiden Gelbtöne in der Mitte lassen.[27]

b) Die Blau-Rot-Spirale

Die Übung der «Blau-Rot-Spirale» hilft allen Kindern in jeder Altersstufe, sich zu konzentrieren und zu entspannen, und harmonisiert Einatmen und Ausatmen. Sie kann auf absorbierendem Papier, das leicht angefeuchtet wurde, gemacht werden. Die Bewegungsangaben gelten sowohl für Rechtshänder als auch für Linkshänder.

Erste Stunde: Mit blauer Farbe soll das Kind in langen, ununterbrochenen Pinselstrichen das gesamte Blatt in Schreibrichtung von oben bis unten einfärben. Mit einem etwas konzentrierteren Blau malt es eine Spirale, die sich von links oben im Uhrzeigersinn nach innen einwickelt. In dieser Übung wollen wir die Bewegung der Spirale durch die Bewegung der Hand und des Armes bis in die Schulter führen. Das Kind benutzt einen flachen Pinsel, so daß man den Moment der Drehung gut sehen kann. Es zeichnet die Spirale mit der Breitseite des Pinsels in einem gleichmäßigen Strich; in der Drehung hebt es die ganze Hand und führt die Bewegung weiter, indem es jedesmal die ganze Hand anhebt, anstatt den Pinsel zwischen den Fingern zu wenden. Es soll ein voller Strich in Pinselbreite zustande kommen. Auf diese Weise werden Auge, Hand und Arm in den Strom der Bewegung einbezogen.

Zweite Stunde: Das Kind färbt das Blatt rot und zeichnet mit einem intensiveren Rot eine Spirale von innen nach außen, die ebenfalls wie die Spirale im Uhrzeigersinn aussieht. Man achte weiterhin auf die Pinselführung.

Dritte Stunde: Das Kind malt einen blauen Hintergrund; von innen nach außen zeichnet es dann die gleiche Form im Uhrzeigersinn, indem es mit dem Pinsel die Farbe wegnimmt, so daß das Weiß des Blattes deutlich eine Spirale darstellt. Es soll jede Bewegung vom Anfang der Spirale bis zum Ende durchführen. Dann wird der Pinsel ausgewaschen.

Auf diese Weise wird die Bewegung geübt. Dies ist genauso wichtig wie Form und Farbe, vorausgesetzt, daß es korrekt gemacht wird: kein Wenden des Pinsels in der Hand; der ganze Arm und die Hand werden gedreht! Nun malt das Kind die rote Spirale von innen nach außen. Unsere Bewegung verläuft im Gegenuhrzeigersinn, sie läßt aber eine Spirale im Uhrzeigersinn entstehen.

Vierte Stunde: Das Kind malt einen roten Hintergrund und zeichnet eine sich von links oben nach innen wickelnde Spirale, indem es auf oben beschriebene Weise das Blau entfernt; dann malt es die blaue Spirale von außen nach innen.

Fünfte Stunde: Das Kind kann sich eins der vier Spiralbilder aussuchen.

Beobachtungen

Man achte auf die Richtungswahl und den Anfangspunkt, wenn das Kind den Hintergrund malt. Es wird Schwierigkeiten beim Beherrschen der Pinselführung geben, doch soll das Kind nicht aufgeben, weil die Übung sich bei Dominanzproblemen als hilfreich erwiesen hat. Wir lassen diese Übung zweimal während einer Unterrichtsperiode wiederholen, bis der Schüler ohne Anstrengung eine Spirale malen kann.

c) Sekundärfarbübung
(ab 9 Jahren)

Die folgende Übung unterstützt die räumliche Orientierung und hilft im Zusammenhang mit der Körpergeographie.

Erste Stunde: Wir lassen das Kind wählen, ob es lieber in Violett, Orange oder Grün malen möchte. Mit der gewählten Farbe (zum Beispiel Orange) färbt es das angefeuchtete Papier in waagerechten rhythmischen Strichen von links nach rechts (Abb. 15a). Die Pinselstriche schließen sich direkt aneinander an, wobei sie sich ein bißchen überlappen. Diese Malweise wird während der gesamten Übung beibehalten. Jetzt fragen wir, welche Farben sich im Orange verbergen (d.h. Rot und Gelb).

Auf einem neuen feuchten Papier malt der Schüler diese Farben nebeneinander – eine Hälfte des Blattes Gelb, die andere Hälfte Rot (das Kind bestimmt die Reihenfolge; Abb. 15b). Rechts und links wird durch die Farbflächen verdeutlicht.

Zweite Stunde: Wieder wird der orangene Hintergrund gemalt. Auf einem zweiten Blatt werden Rot und Gelb oben und unten aufgetragen (das Kind bestimmt, welche Farbe oben, welche unten gemalt wird; Abb. 15c).

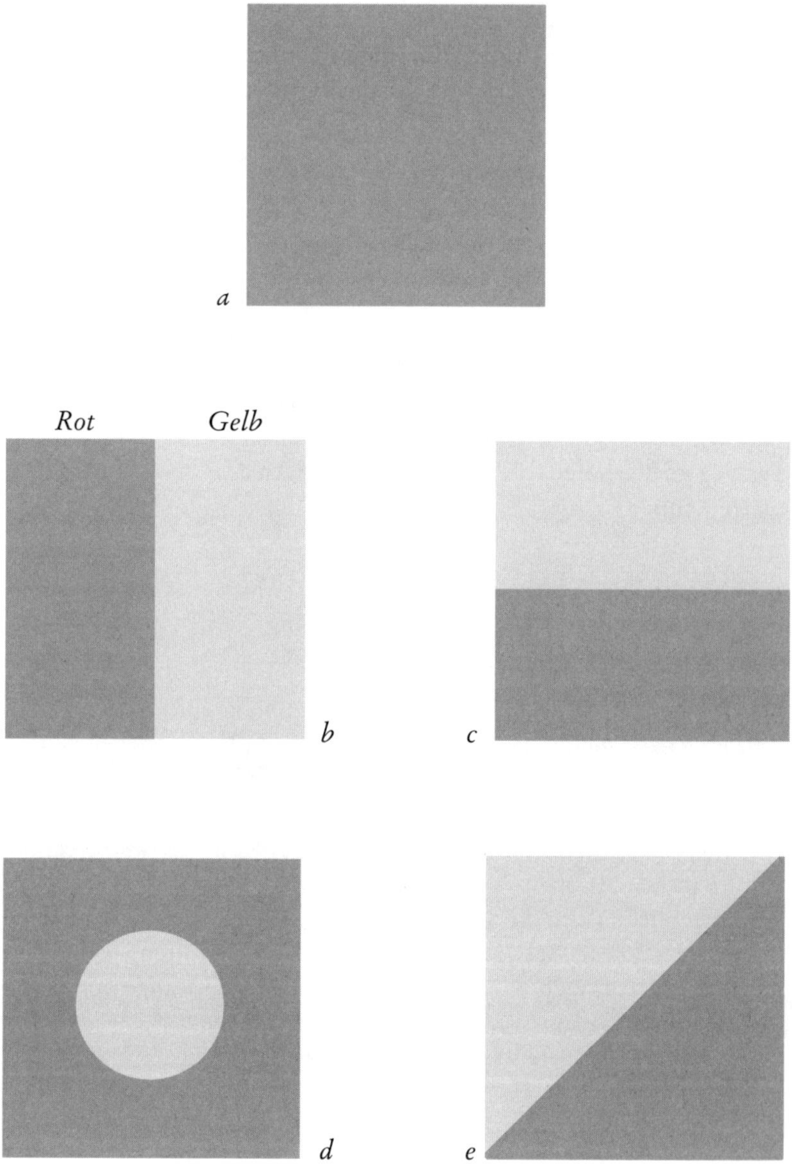

Abb. 15a–e: Sekundärfarbübung.

Dritte Stunde: Beginn mit dem orangenen Hintergrund. Das zweite Bild besteht innen aus einer der beiden Grundfarben, die von der anderen umrahmt wird (Abb. 15d).

Vierte Stunde: Beginn wieder mit dem orangenen Hintergrund. Jetzt wird von den entgegengesetzten Ecken aus gemalt, so daß eine Diagonale von rechts nach links entsteht (Abb. 15e). Eine andere Möglichkeit wäre, von der Diagonale aus zu den dazugehörigen Ecken malen zu lassen (also von innen nach außen). Wenn man diese Alternative wählt, sollen die Pinselstriche diagonal von oben rechts nach unten links verlaufen.

Fünfte Stunde: Das Kind malt ein Bild oder eine Form mit allen drei Farben.

Beobachtungen

Diese Übung ist vor allem gut für fahrige, angespannte Kinder, aber auch für selbstgefällige Kinder, die nicht aus der Fassung zu bringen sind.

Es ist wesentlich, diese Übung zu wiederholen. Das Kind wird oft weiterhin die gleiche Farbe wählen, obwohl es jedesmal zwischen den drei Sekundärfarben auswählen kann. Wenn es von sich aus eine andere Farbe wählt, hat die Übung gewirkt. Wir wiederholen diese Übung nach entsprechender Zeit, entweder um die Reaktion des Kindes zu überprüfen, oder dann, wenn es auf einer anderen Entwicklungsstufe nicht weiterkommt.

d) Die Blau-Rot-Perspektive
(ab 11 Jahren)

Die Übung der «Blau-Rot-Perspektive» pflegt die innere Wachheit in den räumlichen Beziehungen. Man führe diese Übung nicht mit Kindern durch, die jünger als elf sind. Man benutzt möglichst große Blätter (75 cm x 55 cm), die feuchtgemacht werden. Man bereitet zwei Farbtöpfe vor, einen mit Ultramarin, einen mit Karminrot, die beide so verdünnt werden, daß ein kräftiger Farbton entsteht. Ein breiter Pinsel steht in jedem Topf. Der Schüler malt in langen ununterbrochenen Pinselstrichen, die er so aneinanderfügt, daß keine

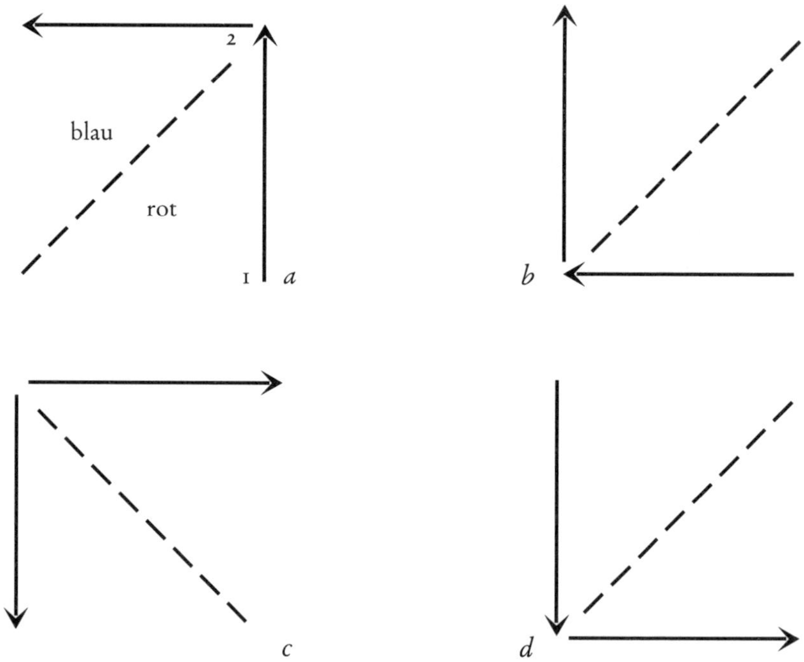

Abb. 16 a-d:
Bewegungsrichtungen bei der Übung zur «Blau-Rot-Perspektive».

Lücken entstehen. Er zieht den ersten Strich mit einer Farbe in die angegebene Richtung. Er stellt den Pinsel zurück, nimmt den Pinsel aus dem anderen Farbtopf und malt in die angegebene Richtung, so daß nach und nach die durch die beiden Farben gebildete Diagonale auf dem Papier erscheint. (Es wird nur mit einer Hand gemalt.)

Beobachtungen

Diese Übung ist besonders gut für zerstreute, unkonzentrierte Kinder und für solche, die sich nicht leicht an Ereignisse erinnern können. Sie ist auch gut für Kinder, die in der frühen Kindheit Schockerlebnisse hatten, die dazu führten, daß sie der Mutter am «Rockzipfel» hingen, und für Kinder, die in den Ferien weite Strekken mit dem Flugzeug zurücklegen.

Die Kinder malen diese Übungen mit großer Sorgfalt und sehr konzentriert, vor allem die älteren.

Version *a* sollte von allen Kindern gemalt werden.

Version *b* sollte auch von denjenigen Kindern gemalt werden, die ihren linken Fuß beim Kugeldrehen (S. 79 f.) nicht unter Kontrolle halten können.

Version *c* sollte Version *a* ergänzen und von Kindern gemalt werden, die Schwierigkeiten haben, beim Kugeldrehen den rechten Fuß zu kontrollieren.

Version *d* sollte Version *a* ebenfalls ergänzen und von denjenigen Kindern gemalt werden, die beim Malen und Schreiben immer an der rechten Blattseite anfangen.

Es ist wichtig, diese Übung immer in rhythmischer Abfolge durchzuführen, zum Beispiel drei Stunden Version *a*, gefolgt von einer Stunde Version *b*, *c* oder *d* (entsprechend den Bedürfnissen des Kindes). Um die Wirkung der Übung zu steigern, kann man den Rhythmus umkehren, d.h. drei Stunden Version *b*, *c* oder *d*, gefolgt von einer Stunde Version *a*.

Diese Übungen sind wesentlich für alle Kinder, die einen Gegenstand mit der linken Hand nehmen und ihn dann in die rechte reichen.

Wenn wir beobachten, daß Kinder durchgängig ihre Pinselstriche von rechts nach links – manchmal sogar senkrecht – ziehen, sollten wir versuchen, mit Version *d* zu helfen. Aus medizinischer Sicht könnte es sich um eins der MCD-Symptome handeln. Wir können versuchen, der Individualität zu helfen, indem wir durch solche Übungen zusätzliche Orientierungshilfen anbieten: Version *d* dreimal und Version *b* einmal wöchentlich; oder in konzentrierten Phasen täglich eine Woche lang.

Die Zahlen und Bewegungsabfolgen der Übung des rechtwinkligen Dreiecks und der «Blau-Rot-Malübung» stehen im Einklang mit den Prinzipien, die Rudolf Steiner angibt.[28] Man mache sich bewußt, daß der Strom des Astral-(Seelen-)leibes in der Ebene im rechten Winkel zu demjenigen des physischen Leibes und des Lebensleibes verläuft (Forschungsergebnis der Autorin).

e) Gemalte Lemniskaten (ab 8 Jahren)

Diese Übung kann man nehmen, um Mut und Ausgeglichenheit im Kind zu entwickeln.

Auf angefeuchtetes Aquarellpapier malt das Kind eine große, gleichmäßige, gelbe Lemniskate. Es malt das Innere der linken Schleife mit Kobaltblau aus und führt das Blau über das Gelb um die Außenseite der rechten Schleife herum. Dann füllt es die Mitte der rechten Schleife mit Rot und führt diese Farbe über das Gelb und um die linke Schleife herum. Die Malrichtung verläuft von oben nach unten.

Resultate

Die Kommentare, die man von Kollegen nach einer Arbeitsphase mit Förderunterricht bekommt, sind etwa folgende:

«Das Kind ist viel besser.»

«Der Junge ist kein Störenfried mehr in der Klasse.»

«Eine ziemlich andere Haltung.»

«Wenigstens bemüht er sich jetzt.»

«Er ist nicht mehr so unruhig und ärgert die anderen Kinder nicht mehr so.»

«Er ist viel ruhiger, kann aber immer noch nicht lesen!»

Wir können Mut schöpfen – wenigstens sind die «Nebeneffekte» jetzt etwas unter Kontrolle.

Solche Veränderungen deuten an, daß die Lebens- und Wachstumskräfte des Kindes das, was wir mit ihm tun, aufnehmen und verarbeiten. Unser möglicher Erfolg oder Mißerfolg hängt davon ab, ob wir es mit einer körperlichen Schädigung zu tun haben, die wir nicht kompensieren können. Unsere Geduld und unser Vertrauen, die Willenskräfte durch rhythmische Wiederholung zu stärken, werden die heilenden Kräfte anregen. Wenn wir dem Kind diese Dinge anbieten, die zum Aufbau seines intelligenzerzeugenden Organismus, seines Astralleibes gehören, harmonisiert sich möglicherweise die Grundlage für sein Denken, Fühlen und Wollen. Seine Gesundheit wird sich verbessern, und Verständnis für intellektuelle Arbeit wird erwachen.

VI. Die Wiedereinführung des Lesens und Rechnens

1. Die Entwicklung des Lesens im lebendigen Zusammenhang mit dem Schreiben

Wenn ein Kind früh lesen kann, sind die Eltern hoch erfreut; nach ihrer Meinung unterscheidet dies ein «gescheites» Kind von einem langsamen. Die englischen Richtlinien der Ausbildung und Erziehung verlangen vom Lehrer, den Kindern früh das Lesen beizubringen, obwohl Untersuchungen gezeigt haben, daß ein sechsjähriges oder älteres Kind diese Fähigkeit in kurzer Zeit entwickelt, während ein fünfjähriges Kind doppelt so lang zu diesem Schritt braucht.[29]

Die meisten Kinder sprechen auf die heutigen Lehrmethoden an und erfüllen die übernommenen Normen. Ob dies das Beste für ihre Gesundheit in späteren Jahren ist, war eine wichtige Auseinandersetzung zwischen Rudolf Steiner und den Lehrern.

Kinder, die mit dem Lesen Schwierigkeiten haben, sollten die Stufen wiederholen, die die Menschheit durchlaufen hat, um die Kunst des Schreibens und dann des Lesens zu erlernen. Wiederholung liegt jedem Wachstum zugrunde, vom pflanzlichen und tierischen Wachstum bis zu allen Funktionen des Menschen. Wir alle werden geboren, wechseln die Zähne, gehen durch die Pubertät und werden erwachsen. Es macht also Sinn, beim Lesenlernen die geschichtliche Abfolge von Bildern zu Zeichen im Kleinen zu wiederholen. Wir haben erst geschrieben und dann gelesen, was wir niedergeschrieben hatten.[30]

Die Kinder, die zu uns kommen, befinden sich in folgender Lage: Auf irgendeiner Ebene wurde der nicht begriffene Zusammenhang des Lautes mit dem Zeichen von ihrem Bewußtsein abgelehnt. Zum Beispiel F wie Faß – das Symbol hat in diesem Fall nichts mit der Form des Gegenstandes zu tun; hier wird nur eine Erinnerungsstütze angeboten.

Der Gegenstand, den das Kind sieht, ist für es wirklich. Also weigert es sich, den Zusammenhang in diesem Fall aufzunehmen und sich daran zu erinnern. Der ganze Prozeß vermischt sich mit widersprüchlichen Gefühlen: Verwirrung, Furcht, Ärger darüber, daß es den Anforderungen des Erwachsenen nicht entsprechen kann, Ärger über die Haltung der anderen Kinder und die eigene Ungeschicklichkeit. Wir können gut verstehen, warum das Kind seelisch zwischen Verzweiflung und Mangel an Interesse hin und her schwankt. Um ihm aus dieser Situation herauszuhelfen, müssen wir das Zeichen in Klang und Bewegung wieder mit einem Bild vereinen.

Welle *Vogel* *Mund* *Tor*

Bei einigen Buchstaben müssen wir unsere Phantasie anstrengen.

Selbst Zwölfjährige fanden es noch interessant, die ersten Elemente des Lesens auf diese Weise dargeboten zu bekommen. Nachdem ihnen der Prozeß klar war, gelang es ihnen, die meisten Buchstaben in Bilder zu verwandeln. Daraus schrieben sie eine Geschichte. Manche konnten die Geschichte selbst niederschreiben, andere diktierten sie. Danach schrieb ich sie in deutlicher Druckschrift für Schüler auf. Diese Vorlage mußten sie auf einem großen Bogen Papier (75 cm x 55 cm) in «malender» Schrift abschreiben. Die erste Seite legten wir beiseite für das Deckblatt. Jede Stunde malte der Schüler ein Bild, um die Geschichte zu illustrieren. Die Linien wurden dünn mit Bleistift im Abstand einer Linealbreite gezogen, denn unsere Schüler sind nicht geschickt, und die Stunde verfliegt im Nu. Dann «schrieben» sie mit dem allerdünnsten Pinsel (Größe 00), was zur Besonderheit der Aufgabe beitrug. Aus therapeutischer Sicht verlangt dies eine vollständige Umstellung der gewohnten Bewegung. Einen Pinsel locker in der Hand zu halten bringt neue Muskelpartien mit ins Spiel. Das Interesse des Kindes erwacht. Hand und Auge arbeiten auf eine neue Weise zusammen. Wenn wir dieses Werk beendet haben, ist die Abneigung dem Schreiben gegenüber besiegt. Ich habe keine Illustration einer solchen Arbeit, weil kein Kind je so ein Heft zurückgelassen hat.

Angesichts der Lesemethoden, die die Kinder erlebt haben, bevor sie zu uns gekommen sind, sollten alle in jeder Altersstufe die Buchstaben als Bilder erfahren. Für Kinder unter zwölf sollten sie durch den Lehrer eingeführt werden. Nach diesem Alter ist die Phantasie des Kindes aktiv genug, und es kann eigene Bilder entwickeln, wie oben beschrieben. Es ist wichtig, die unbewußte Furcht vor den Buchstaben zu überwinden, vor dem Unbekannten, was auf die Seele wirkt. Es ist diese Furcht, die ungenaues und oberflächliches Lesen bewirkt, und daraus ergeben sich Erinnerungsprobleme.

Kinder mit einer gekreuzten Augen-Hand-Dominanz bekamen Brillengestelle, und das dominante Auge mußte durch ein farbiges Glas schauen (blau für das linke Auge, rot für das rechte). So wurde das nicht bedeckte Auge zur Tätigkeit angeregt, und die erwünschte Dominanz konnte sich einstellen.

Die Kinder durften alle Farben benutzen. Manche wechselten die Farbe bei jedem Wort, bis sie ein Bewußtsein vom Satz entwickelten. Manche gebrauchten eine Zeitlang für jede Linie eine andere Farbe. Es war interessant zu beobachten, wie der Begriff des Satzes sich in dieser Übung entwickelte. Es mußte eine passende Kurzgeschichte entstehen, um drei Seiten zu füllen. Manchmal beharrten die Schüler auf bestimmten Details, und wir fügten eine weitere Seite hinzu. Jede Stunde wurde der schon geschriebene Teil der Geschichte laut gelesen. Bei jedem Wort machte der Schüler einen Schritt, und bei jedem Punkt drehte er um und ging in die andere Richtung. Während dieses Projektes mußte er als Hausaufgabe einige der Großbuchstaben schraffiert zeichnen, schließlich ganze Wörter. Danach wurden wieder nur die Großbuchstaben schraffiert, schließlich wurde das Wort in normaler Schrift geschrieben. Auf diese Weise wiederholte der Schüler die Buchstaben genügend. Diese Arbeit kann auf ganz natürliche Weise dahin führen, daß der Schüler Wortlisten aus einem geeigneten Buch abschreibt.

Wir können bei schlechter Schrift und unbeweglichen Augen helfen, indem wir ungewohnte Richtungen beim Schreiben einführen. Es hilft Kindern, die Buchstaben zu erkennen, wenn sie «chinesisch» oder «griechisch» schreiben. Man nehme ein bekanntes Gedicht oder einen Kindervers und lasse dies rechts beginnend von oben nach unten (die Buchstaben untereinander) schreiben. Dann wird «griechisch» von rechts nach links, dann von links nach rechts geschrieben, indem auch die Buchstaben verdreht werden.

Ein sehr unmotivierter, linkshändiger, dyslektischer Junge mit unleserlicher Handschrift hatte keinerlei Interesse am Schreiben. Er meinte schließlich, daß er nichts dagegen hätte, «ägyptisch» zu schreiben. Wir lernten also beide eifrig die Hieroglyphen für «Ramses», «Moses» und den «Schreiber». Der Junge sollte einen blauen Hintergrund auf ein möglichst großes, angefeuchtetes Papier malen und dabei die Formen der Hieroglyphen aussparen. Sie wurden später in Rot eingetragen. Dies zwang ihn, das Bild der Form vor seinem inneren Auge zu behalten, während er den Hintergrund malte. Als es fertig war, konnte er etwas lesen, was kein anderer konnte! Später brachte er sich selbst bei, schön zu schreiben. Diese Dinge gehen keinesfalls am Thema vorbei. Interesse regt zu innerer Bewegung an, die der erste Schritt zum Verständnis ist.

Wörter und Sätze zu malen ist auch hilfreich für bestimmte Entwicklungsabschnitte.

Eine Buchstabengeschichte

Die folgende Geschichte hat ein Neuntkläßler verfaßt und mit dem Pinsel aufgeschrieben. Er kam während der achten Klasse zu uns, weil seine Handschrift unleserlich, sein Lesen eingeschränkt war und er sich schriftlich überhaupt nicht ausdrücken konnte. Diese Übung schloß unsere gemeinsame Arbeit mit dem Satz ab: «Alles wieder in Ordnung.»

«Prinzessin Idonia stieg auf einen Berg zu einem Einsiedler, der dort in einer Grotte lebte. In seiner Wut verwandelte er Idonia in ein Eichhörnchen und beschloß dann, ihr einen Baum in seinem Tal zu geben.

Eines Tages kam ein Prinz zum König und fand heraus, daß die Prinzessin verschwunden war. Er brach auf, um sie zu finden. Ein Adler erzählte ihm, daß er einen Fisch gefangen habe, der ihm – damit er am Leben bleibe – die folgende Geschichte erzählt habe: Der Fisch schwamm im Fluß und erblickte den Einsiedler in einem Boot. Der Einsiedler murmelte vor sich hin, daß nur der Anblick eines Opals, der im Schnee gefunden würde, über den die Wellen hinweggespült waren, das Eichhörnchen in Idonia zurückverwandeln würde.

Sieben Jahre lang suchte der Prinz nach dem Opal und fand ihn schließlich im schneeweißen Perlenbett, über welches die Wellen hinweggespült waren.

Der Adler half ihm, den Einsiedler zu finden. Als er den Opal sah, überwand der Einsiedler seine Wut.

Alles war wieder in Ordnung.»

Laut lesen

Wir müssen nun das Problem des lauten Lesens angehen. Dieses verlangt, daß der Inhalt schnell verstanden und gespeichert wird, wenn Leser und Zuhörer daran Freude haben sollen. Um diese Fähigkeit zu entwickeln, werden einige Übungen beschrieben, die im Kind die Verknüpfung der Sinne untereinander fördern. Diese Übungen sollten während einer Förderperiode täglich durchgeführt werden. Jede Sinnestätigkeit wird gesteigert, wenn der Sehsinn ausgeschaltet wird. Wir verbinden unserem Schüler also die Augen oder setzen ihm eine schwarz angemalte Schutzbrille auf. Folgende Aufgaben muß er so bewältigen:

- Perlen auffädeln
- sie nach einem vorgegebenen Muster auffädeln
- die Anzahl schätzen, die er aufgefädelt hat
- Gegenstände fühlen und erraten
- Laute hören und erkennen
- die Richtung herausfinden, aus der sie kommen
- stricken, häkeln, flechten, knüpfen und modellieren
- die sieben Geschmacksrichtungen herausfinden: süß, sauer, scharf, bitter, salzig, würzig, heiß
- Oberflächen und Strukturen beschreiben.

Übungen, die vom Beobachten zum Denken führen

- «Schließe die Augen und benenne fünf Gegenstände in diesem Raum.» Man erhöhe die Zahl jedesmal.
- «Was ist, wenn du hereinkommst, auf der linken Seite?»
- «Wie vielen Menschen bist du auf dem Schulweg begegnet?»
- «Gibt es einen Baum am Schultor?»
- «Was hatte ich gestern an?»
- «Welche Farbe hat die Krawatte von Herrn X heute?»

Übungen, die das Gedächtnis anregen

Wir stellen dem Schüler eine einfache Frage und bitten ihn, die Antwort bis zum nächsten Tag zurückzuhalten. Die Frage muß so offensichtlich sein, daß die Antwort sofort da ist, zum Beispiel: «Wie viele Beine hat eine Kuh?»

Übungen zur Begriffsbildung

- Wir lassen das Kind einen Gegenstand beschreiben, ohne ihn zu nennen, und wir müssen ihn erraten. Dann muß der Schüler einen Gegenstand erraten.
- Wir lassen den Schüler einen Gegenstand wählen, den er in einem Wort, in zwei Worten, in drei Worten usw. beschreiben muß.
- «Wie viele Gegenstände in diesem Raum beginnen mit dem gleichen Buchstaben?»

Übungen für den Hörsinn

Wir sitzen mit dem Schüler ruhig da und fragen ihn, wie viele Geräusche er hört, wie sie heißen, wo sie herkommen und wie sie verursacht werden.

Wir können Intervalle oder die Tonleiter auf einer Leier spielen. Der Schüler soll die Tonhöhe durch Heben und Senken der Arme angeben. Wir spielen ihm einen Rhythmus auf einer Note, und er muß ihn klatschen, gehen und auch spielen. Oder wir lassen ihn Wörter finden, die auf einen bestimmten Rhythmus passen, und Rhythmen in Wörtern entdecken. Dies kann auf einen Satz ausgeweitet werden. Das Kind sollte die Fähigkeit erlangen, einen Rhythmus zu gehen oder ihn auf einer Trommel oder einem Tambourin schlagen zu können, nachdem es ihn nur einmal gehört hat. Wir sollten Wert darauf legen, daß der Hexameter auf diese Weise beherrscht wird.

Man achte darauf, daß der Schüler bei der Wiedergabe einer rhythmischen Abfolge seine Augen benutzt. Man verwende verschiedene Methoden. Wenn man unter dem Tisch klopft, hilft dies, zwischen visuell und auditiv orientierten Kindern zu unterscheiden.

Übungen für Hören, Bewegen und Sehen

Wir können folgendes machen: Wir sagen eine Zahl, zum Beispiel zwölf, und fragen den Schüler, bei welcher Zahl er sein wird, wenn er zur Tür geschritten ist. Er muß es herausfinden, indem er zur Tür geht und von zwölf aus bei jedem Schritt weiterzählt. Schließlich sagt er, wie viele Schritte er gegangen ist.

Wenn der Schüler genügend Sicherheit und Vertrauen gewonnen hat, können wir das Lesen direkt angehen.

Ein neues Bild des lauten Lesens muß entstehen. Hat das Kind ein Gefühl für schauspielerisches Darstellen? Ist der Schüler scheu und schüchtern, so daß es für ihn schrecklich ist, seinen Mund zu öffnen und einen Ton zu sagen? Für die erste Gruppe ist der Agricola von Tacitus eine ausgezeichnete Lektüre. Sie ist für eine Zuhörerschaft gedacht. Wir bereiten die Szene vor und erklären den Hintergrund des Textes. Dann stehen wir nebeneinander mit dem Buch in der Hand (der deutschen Übersetzung natürlich) vor einem Pult oder einem Notenständer. Der Lehrer deklamiert den ersten Satz. Der Schüler zeigt dabei auf die Worte im Buch und soll mit dem Sprechen des Lesers Schritt halten. Jetzt soll er denselben Satz lesen. Das kann er natürlich nicht. Deshalb flüstert der Lehrer es ihm vor, während der Schüler laut weiterspricht und auf die Wörter zeigt. So machen wir einige Minuten weiter. Wir werden schockiert sein, wie mangelhaft die Verbindung zwischen Hören und Gedächtnis ist. Das wichtigste ist der Spaß dabei, der große Schwung der Rede, das Aussprechen der neuen, grandios klingenden Wörter. Das ist eigentlich der Punkt, um den es beim Lesen geht.

Das angespannte Kind ist sicher glücklicher mit Julius Cäsar: klare, knappe Sätze, in denen genau steht, was gemeint ist.

Wir lesen dem Schüler einen Text vor, während er die Wörter mit dem Finger verfolgt. Wenn er genügend Vertrauen entwickelt hat, halten wir plötzlich an, und er soll das Wort, auf das er nun zeigt, laut lesen. Wir wählen eines, das er kennt oder phonetisch lesen kann. Wir nennen nun ein schwieriges Wort, das der Schüler auf der Seite finden muß.

Einem lesenden Schüler, der immer wieder aufschaut, kann man mit einem Stück Papier helfen, in das ein Fensterchen geschnitten ist. Das Papier wird auf die Buchseite gelegt, und es erscheint jeweils nur ein Wort. Dann decken wir das Wort ab, und der Schüler muß es sagen. Wir bitten ihn, einen Satz zu schreiben, und gehen dann die Worte auf oben genannte Weise durch.

Übungen für Kinder zwischen sechs und acht Jahren

Wir schreiben einen bekannten Vers auf. Das Kind soll ihn durchlesen, dann eine Zeile erkennen, ein Wort in einer Zeile und schließlich einen Buchstaben in einem Wort.

Wir können die Verkrampfung beim Lesen, das Verharren bei unbekannten Wörtern und die Überbetonung der phonetischen Aussprache durch rhythmisches Lesen lösen.

Stufe 1:

Wir nehmen eine Postkarte und decken den Text ab, abgesehen von den Wörtern, die der Schüler lesen soll. Er liest still und zeigt mit dem Finger, dann liest er laut und zeigt immer noch auf die Wörter. Wir gehen so durch die ganze Geschichte.

Stufe 2:

Er liest die gezeigten Wörter leise, sie werden wieder zugedeckt, und er sagt sie laut.

Stufe 3:

Er liest still. Der Satz wird abgedeckt. Er schreibt ihn auf und vergleicht ihn dann mit der Vorlage.

Man sollte so lange auf Stufe 1 verharren, bis sich das Kind dabei wohlfühlt. Durch diese Methode normalisiert sich der durch die Anspannung verursachte flache Atem des Kindes. Ein Zeitgefühl entwickelt sich, und Rhythmus zwischen Atem und Verständnis kommt in Gang. Dann können sich Merkfähigkeit und Lesen entwickeln.

Übungen für ältere Schüler (15 – 18 Jahre), die schlecht lesen können

Wir geben den Schülern einen Textabschnitt, den sie in einer bestimmten Zeit durchlesen müssen. Am Ende der Zeit müssen sie den Abschnitt in einem Wort wiedergeben, dann in zwei Worten, dann in drei Worten. Diese Methode entwickelt die Fähigkeit, den Gedankeninhalt zu erfassen.

2. Rechnen

Das Rechnen verlangt ebenfalls die Fähigkeit, sich zu bewegen. In diesem Fall geht es um eine innere Konzentration, die Bewegung von einem Teil eines Vorganges zum nächsten entstehen läßt. Unser Schüler verfügt nicht über diese Fähigkeit; sie fehlt ebenso in seinen körperlichen Bewegungen. Er kann nicht mit den anderen mithalten. Ein solches Kind ist erstaunt, daß es sich nicht so gewandt bewegen kann, wie es sich das vorstellt.

Die Stunden für diese Schüler sollten aus denjenigen Bewegungsübungen bestehen, zu denen man zählen und die Einmaleinsreihen laut aufsagen kann: die Schrittübungen, die Bewegung und Hören verbinden (S. 116), und die Zahlensternübung (S. 96 ff.). Wir untersuchen die Dominanz und festigen sie mit der Übung des rechtwinkligen Dreiecks (S. 84 ff.). Wir wenden die Kupferkugelübung (S. 76 ff.) an, um die Verspannungen abzubauen und die Verknüpfung zwischen auditiven und visuellen Wahrnehmungen zu stärken.

Wir können die Verbindung zwischen Sehen und Begreifen durch eine Erweiterung des «Perlenzähltests» (S. 39 f.) fördern. Der Schüler sollte raten, wie viele Perlen in einem Häufchen sind, sie dann sortieren und schätzen, wie viele rote und wie viele blaue es sind. Er zählt dann beide Häufchen. Ein anderes Mal zählt er die gesamte Menge und sortiert sie in zwei Häufchen. Er schätzt ein Häufchen, zählt die Menge des anderen und korrigiert dann seine Schätzung anhand der Gesamtanzahl.

Wir variieren diese Übung vielfach, indem wir zum Beispiel mit einer vorher bekannten Anzahl Perlen beginnen, die wir in verschiedene Häufchen aufteilen. Eines bleibt ungezählt und muß aus der Anzahl der anderen errechnet werden. Das schafft Vertrauen. Wir konnen diese Methode auch für die anderen drei Grundrechnungsarten benützen.[31]

Es kommt oft vor, daß ein Zwölfjähriger noch nicht begriffen hat, wie Einer, Zehner und Hunderter gebildet werden, ebenso wie Zahlen zusammengesetzt und aufgeschrieben werden. Kehren wir also zurück zu den grundlegenden, «tragenden» Begriffen, indem wir ein Halbliter-, ein Liter- und ein Fünflitermaß gebrauchen, und zwar praktisch am Küchenabfluß mit Krug, Flasche und Eimer ausprobieren. Wenn dies erfaßt ist, üben wir, es in Summen vorwärts und

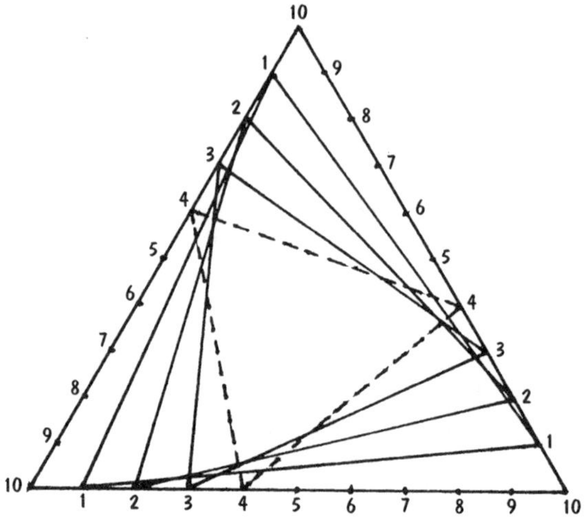

Abb. 17: Zahlenstern.

rückwärts aufzuschreiben. Daraus erklärt der Lehrer Einer, Zehner und Hunderter, und der Schüler übt, die Antworten in Worten aufzuschreiben. Dies überwindet die Angst. Die Zahlenbegriffe nicht erfassen zu können bringt immer Verkrampfung und Angst vor dem Unbekannten hervor. Das Kind empfindet sich als langsam oder schwer von Begriff.

Wir können helfen, diese innere Haltung aufzulösen, indem wir von der Qualität der Zahlen sprechen, von ihrer Beziehung zum Körper und zur Form. Die Zahl Eins ist eine unteilbare Ganzheit. Der Schüler ist ein einziger Mensch, die Zwei ist jedoch in seinen beiden Armen, Augen etc. enthalten. Auch die «Dreiheit» zeigt sich in seinem Körper, in Kopf, Rumpf und Gliedmaßen. Diese Erklärung schafft Vertrauen.

Wir können vom Zahlenstern überleiten zu geometrischen Formen. Wir lassen den Schüler ein sehr großes gleichseitiges Dreieck frei zeichnen (Abb. 17). Er soll die Seiten in gleiche Teile einteilen. Sie werden mit Zahlen versehen; dabei beginnt man bei jeder Seite jeweils mit Eins. Nun werden alle Einsen, alle Zweier, alle Dreier in frei gezeichneten Linien verbunden. Es sollte in der Mitte ein durch die geraden Linien gebildeter Kreis entstehen. Wir machen das gleiche mit dem Pentagramm und dem Hexagramm. Das rhythmische Zählen, die Formen und die Genauigkeit stärken das dringend nötige Vertrauen im Schüler. Freude an der Schönheit der Zahlen kann nun erlebt werden.[32]

Wir können für alle vier Grundrechenarten die Umrechnung von größere in kleinere Maßeinheiten und umgekehrt anwenden. Leider scheinen nur «Jahre in Sekunden» von der (vor allem in England) großen Vielfalt nicht-dezimaler Maßeinheiten übriggeblieben zu sein. Man wandle dann «Millionen von Sekunden» in Minuten, Stunden, Tage, Monate, Jahre um (keine Abkürzungen verwenden!). Wenn der Schüler problemlos auf diesen Leitern herauf- und heruntersausen kann, können wir uns der Bruchrechnung zuwenden.

Wir nehmen ein Blatt Papier und lassen es den Schüler in zwei Teile zerreißen. Das kann man mit ihm nicht machen. Seine «Eins» ist eine Einheit, ebenso alle Teile. Jetzt stößt der Schüler auf einen Fall, wo Zahlen weniger sind als eins. Aber in einem Bruch sehen wir, daß alle Teile gleich groß sind. Der Schüler soll das Blatt gleichmäßig falten und reißen.

Wir zeichnen nun Kreise und teilen sie in Hälften, Drittel usw. bis zu Zwölfteln. Der Schüler muß den gesuchten Bruch vom Zähler ausmalen: $^3/_4$, $^7/_{12}$; bald wird ihm das Geheimnis von $^3/_4$ und $^6/_8$ dämmern.

Als großen Abschluß backen wir zusammen einen Kuchen, den wir in gleich große Stücke teilen. Wir schneiden davon ein Stück in kleine Teile und essen sie.

Der Leser kann den Eindruck gewinnen, daß er einen Überfluß an Übungen bekommen hat, von denen viele das gleiche auf andere Weise ausdrücken. Das ist zwar so, aber die Wiederholung stärkt den Willen und das Gedächtnis, was unsere Schüler dringend brauchen. Als Lehrer müssen wir Phantasie und Vorstellungskraft entwickeln, damit unsere Schüler angespornt werden und staunen können. Dies ermöglicht ihnen, daß die fortwährende Wiederholung der grundlegenden Hilfestellungen durchgetragen werden kann.

Ein fünfzehnjähriger Schüler bemerkte am Ende einer zweijährigen Arbeit: «Ich wäre nicht gekommen, wenn ich die Übungen bei Ihnen nicht gern gemacht hätte.»

VII. Der Stundenaufbau

1. Inhaltliche und zeitliche Einteilung der Stunden

Die Qualität der Zeit, die wir dem Schüler widmen, ist genauso wichtig wie die Anweisungen, die wir ihm geben. Er darf keinen Druck spüren und das Gefühl bekommen, Fortschritte machen zu müssen.

Wir können unsere Arbeitsweise für jüngere Kinder (6-12 Jahre) folgendermaßen einführen: So, wie ein Bauer zuerst sein Feld bereitet, bevor er Weizen aussät, treffen wir nun Vorbereitungen, damit das Schreiben auf ganz natürliche Weise reifen kann.

Den älteren Schülern ab dreizehn Jahren können wir ganz direkt erklären, daß Lesen eine Frage der Bewegungsfähigkeit ist, daß die gesamte Form des Buchstabens und des Wortes durch die Augenbewegung nachempfunden werden muß. Dann durchdringt sie wie ein Blitz den ganzen Körper und wird vom Denken ergriffen. In unseren gemeinsamen Stunden werden wir alle möglichen Arten der Bewegung durchforschen, um herauszufinden, was diesem «Blitz» im Wege steht.

Die Kinder sind erstaunt und zugleich erleichtert. Ihr Interesse erwacht. Ihre eigene Unfähigkeit bei vielen Übungen macht sie neugierig und fordert sie heraus. Wenn die äußeren Umstände es zulassen, sollten wir von ausgesprochenen Leseübungen etwa ein halbes Schuljahr absehen. Offensichtlich weigert sich der Organismus des Kindes, Informationen aufzunehmen und zu verarbeiten. Das Kind kann nicht den Willen aufbringen, dasjenige wiederzugeben, was es eigentlich wissen müßte. Sein ganzer Organismus hat einen Punkt erreicht, an dem es nicht weitergeht. Aus diesem Grund hat es keinen Sinn, seine Schwachpunkte durch wiederholte Anforderungen weiter zu belasten. Dadurch verschärfen sich nur die Probleme, oder es kommen neue hinzu. Wir müssen – mit dem Blick auf die höheren Wesensglieder – bestimmte Bereiche im Körper ansprechen und beleben. Damit schaffen wir die Grundlage, daß Fähigkeiten reifen können.

Die Unterrichtsstunde sollte so aufgebaut sein, daß alle besprochenen Elemente darin vorkommen: die Übungen zur Körpergeographie, zur räumlichen Orientierung, zur Dominanz usw.; sie sollten von den verschiedenen Aspekten her angegangen werden: von der Bewegung, vom Zeichnen und vom Malen.

Die grundlegende Übung, die in jeder Stunde durchgeführt werden sollte, ist die große Kupferkugelübung (ab 11 Jahren), gefolgt von der Übung «Gerade Linie und Acht». Darum herum ranken sich die anderen Übungen. Das Stabrollen sollte man mit blassen, zerstreuten Kindern machen und mit solchen, die einen flachen Atem haben. Wenn die Augendominanz geändert werden soll, muß der Zahlenstern regelmäßig geübt werden, wobei das zu korrigierende dominante Auge mit einem Glas in der entsprechenden Farbe abgedeckt wird. Alle Stunden sollten mit einer Malübung enden.

Die Übung zum rechtwinkligen Dreieck sollte nach drei Monaten begonnen werden und, bei einer Wochenstunde, ebensolang durchgeführt werden. Wenn man mit der inhaltlichen Arbeit am Lesen und Schreiben beginnt, sollte diese Übung weitergeführt werden.

Beispiel eines Arbeitsprogramms

Das folgende Beispiel bezieht sich auf eine Wochenstunde:
- Stabrollen
- Murmeln zwischen den Zehen halten
- Ballprellen
- Blumenstab- oder Zahlensternübung
- Kupferkugelübung
- Gerade Linie und Acht
- eine Übung blind
- eine Malübung

  (gesamte Dauer: 1 Stunde).

Die Stunde sollte so zusammengestellt sein, daß sie für den Schüler eine künstlerische Erfahrung darstellt. Der Lehrer sollte seine Stunden nach dem Prinzip des «Einatmens und Ausatmens» aufbauen, der Expansion und der Kontraktion. Er kann sie auch im Hinblick auf die drei Seelenqualitäten Denken, Fühlen und Wollen ausrichten. Einige musikalische Elemente, wie das Erkennen und Spielen von Intervallen auf einem Glockenspiel, können das Kind wachmachen und die Fähigkeit des Zuhörens pflegen.

Für Schüler, die schon fünfzehn bis achtzehn Jahre alt sind und lesen wollen, können wir die inhaltliche Arbeit des Lesenlernens einführen, sobald sie die Spiegelformen etc. beherrschen. Sie können mit den Buchstaben als «Bildern» beginnen und davon ausgehend ihre eigene Geschichte erfinden, indem sie die Anfangsbuchstaben schraffieren. Umgekehrt schraffieren sie den Hintergrund, so daß der Buchstabe erscheint und dann ausgemalt wird. Wörter können auf dieselbe Weise geschrieben werden.

Das Wecken der inneren Vorstellungskraft

Wir schreiben Druckbuchstaben und anschließend Wörter auf den Rücken des Schülers oder mit einer Feder auf eine Hand. Er soll die Buchstaben gleichzeitig in sein Heft übertragen und lesen. Wir lassen das Kind ein Wort wählen, das es dann in sein Heft schreibt, während es auf seinen Rücken geschrieben wird. Die Bewegungs- und Malübungen müssen jedoch beibehalten werden. Sie müssen den größeren Teil der Stunde einnehmen.

Hausaufgaben

Hausaufgaben sind ein «Muß» – zehn Minuten am Tag. Einen Teil der ersten Stunde sollte man darauf verwenden, ein Hausaufgabenprogramm zu erstellen. Es besteht aus Formen- und Musterzeichnen, einer Farbübung in schraffiertem Zeichnen, ebenso Modellieren in Bienenwachs oder Ton. Ungeachtet dessen, welche Hausaufgaben andere Kinder zu bewältigen haben, sollten unsere Kinder auf jeden Fall handarbeiten. Stricken stärkt die Konzentration und die Koordination von Auge und Hand, ebenso das Zählen und die Begriffsbildung. Daher mußten Schüler ab dreizehn Jahren – meistens waren es Jungen – sich im Schnellstrickverfahren einen Pullover stricken, jede Woche eine bestimmte Anzahl von Reihen. Dies könnte im zweiten Halbjahr unserer Arbeit stattfinden. Tischsets oder eine Matte mit den Fingern zu häklen ist auch sehr hilfreich und wirkt therapeutisch bei «steifen» Streckbewegungen. Wenigstens ein Tischset sollte das Kind als Hausaufgabe im Laufe unserer Arbeit fertigstellen.

Auch die Blumenstabübung und die Übung der sich durchdringenden Dreiecke eignen sich als Hausaufgaben, wenn das Kind sie beherrscht. Später kann man Wörterlisten hinzufügen, aus denen Sätze entwickelt werden. Unsere Schüler sollten auch spannende Vorfälle, die vorgelesen oder erzählt werden, zu Ende führen. Zu einer Geschichte, die sie gelesen haben, sollen sie das Ende erfinden und dann mit dem tatsächlichen vergleichen.

2. Erneuter Test: Verfolgen der Fortschritte

Der Kreuztest: Wiederholen am Ende des Schuljahres oder zu Beginn des nächsten.

Die Blumenstabübung: Eine Testwiederholung ist nicht notwendig, weil die Blumenstabübung als therapeutische Übung verwendet wird, bis der Schüler die Form fließend und richtig zeichnet.

Perlenzähltest: Auch das Wiederholen dieses Tests ist nicht notwendig, wenn er als therapeutische Übung eingesetzt wurde. Andernfalls kann man die Dominanz der Hand und die Koordination von Sprache und Hand am Ende der letzten oder zu Beginn einer neuen therapeutischen Einheit testen.

Dominanztest: Einfacher Test am Ende eines Halbjahres. Seitigkeitstest nach einem dreiviertel Jahr.

Test zur Farbneigung der Augen: Testwiederholung zwei- oder dreimal während eines Quartals. Wenn das Kind der Sonne und dem Mond ein Gesicht malt, lassen wir es jedesmal den blauen Mond und die rote Sonne malen, bis es damit aufhört. Geschichten und Bilder um diese Motive herum zeigen, daß Spannungen und alte Gewohnheiten abgebaut werden. Das ist zwar selten, sollte aber nicht unterbunden werden, wenn es vorkommt. Wir fügen diese Tests so selbstverständlich und unauffällig wie möglich ein, zum Beispiel am Ende der Stunde, wenn die Zeit für ein «richtiges» Bild nicht mehr vorhanden ist. Nur zwei Kinder haben bemerkt, daß es sich dabei um einen Test handelte, und die Antwort, die er gibt, ist – wie erwähnt – «ob das Kind das Pferd reitet oder tragen muß». Natürlich sagt man dem Schüler nicht, welche der beiden Möglichkeiten auf ihn selbst zutrifft.

Wir müssen bedenken, daß unsere Arbeit einen Reinigungsprozeß im Kind auslöst, und dürfen deshalb nicht erstaunt sein, wenn es durch eine Krise geht. Seine Unfähigkeit ist zu einer Form des Protestes geworden. An einem bestimmten Punkt stoßen wir darauf und müssen uns damit auseinandersetzen. Diesen Moment erlebt man als versteckten Eigensinn, und es hängt von der sorgfältigen Auswahl und Anwendung der Übungen ab, ob die Kräfte des Kindes frei werden, so daß sich Fähigkeiten entwickeln können. Der Farbneigungstest der Augen zeigt uns, wann wir an diese Blockade rühren. Nach zwei oder drei «richtigen» Bildern kommt es plötzlich wieder zu einer Umstellung: Bei der roten Farbe wählt das Kind wieder Zinnoberrot, oder es nimmt die Farben Blau und Gelb. Das geschieht oft, doch dann verläuft der Entwicklungsweg wieder glatt und das Kind bleibt bei einer konstant «richtigen» Farbwahl.

Mit zunehmender Erfahrung spüren wir, wann solche Prozesse stattfinden, und wir können die Tests einsetzen, um zu erfahren oder es uns bestätigen zu lassen, durch welche Phase der Schüler hindurchgeht. Wenn der Prozeß stagniert, werden wir damit die Ursache feststellen können. Die Übung zum rechtwinkligen Dreieck hat eine stark befreiende Wirkung. Bei genauerer Beobachtung kann man manchmal feststellen, daß die Bewegungen des Schülers bei dieser Üung zu oberflächlich sind oder daß das nichtdominante Auge einen starren Ausdruck hat. Wir können dann versuchen, diese Kräfte freizumachen, indem wir dem Schüler die gegenteilige Version dieser Übung geben: die Linkshänderversion (Abb. 7b) für den Rechtshänder und die Rechtshänderversion (Abb. 7a) für den Linkshänder – fünf- bis sechsmal, wenn die Stunde wöchentlich stattfindet, zwei bis drei Wochen hindurch, wenn die Stunden täglich sind. Danach testen wir die Farbneigung der Augen. Die Übung zur «Blau-Rot-Perspektive» sollte durchgeführt werden, wenn sich kein Erfolg zeigt.

3. *Die Anwendung der Übungen für Klassen oder Gruppen*

Schreiben (6-9 Jahre)

Die Methode, Buchstaben aus Bildern heraus zu entwickeln, kann man für Kinder ab sieben Jahren anwenden.[33] In diesem Fall findet der Lehrer aus seiner Vorstellungskraft heraus Bilder und entwickelt daraus eine Geschichte. Auf diese Weise werden die Konsonanten leicht als «formende» Laute und die Vokale als «klingende» Laute erkannt, die jedes Wort braucht. Lange und kurze Vokale können durch entsprechende Sprünge oder kleine Gesten verdeutlicht werden.

Es ist wichtig, die großen Druckbuchstaben einzuführen, bevor die Kinder in Schreibschrift schreiben. Die Form der großen Druckbuchstaben hängt mit einem Gesetz zusammen, das jeder Entwicklung zugrunde liegt: nämlich daß etwas wiederholt wird, bevor eine neue Stufe errungen werden kann; in diesem Fall ist es die Wiederholung der Raumesorientierung, die das Kind in den ersten sieben Jahren erlangt hat. Eine Untersuchung von Kinderzeichnungen zeigt die Reihenfolge, in welcher das Oben-Unten, die Links-rechts-Symmetrie und die Diagonale zustande gebracht werden. Dies ist das Ergebnis der Sinneswahrnehmungen und der Bewegungen des Körpers im dreidimensionalen Raum. Auf einer neuen Entwicklungsstufe, nach dem Zahnwechsel, muß es als inneres Vorstellungsvermögen noch einmal erlangt werden. Können wir dem Kind eine bessere, stimmigere Übung geben, als es Geschichten in Druckbuchstaben abschreiben zu lassen?

Jedesmal, wenn das Kind ein «T» schreibt, teilt es den Raum in Rechts und Links mit dem Strich nach unten und in Oben und Unten mit dem waagrechten Balken auf dem «T». Im Buchstaben «K» haben wir die räumliche Trennung in Links und Rechts sowie eine Vorwärts- und eine Rückwärtsdiagonale.

Unsere lateinischen Großbuchstaben bestehen aus den zwei grundlegenden geometrischen Formen, der Gerade und dem Kreis (der Krummen). Hier üben wir etwas außerordentlich Wertvolles für die innere, begriffliche Vorstellungskraft, da die Bilder der Buchstaben noch mit der Form verbunden sind; die Kinder genießen daher diesen Zusammenhang beim Schreiben. Ein ausgewähltes Vokabular muß man nicht gebrauchen; ein langes Wort ist voller Bilder, und durch die Wiederholung bleibt es im Gedächtnis haften. Das laute Ablesen von der Tafel, allein und in Gruppen, führt zu einem sicheren, ausdruckskräftigen Lesen. Während man an diesem Stadium arbeitet, trifft man gleichzeitig durch Formenzeichnen, Spiegelformen etc. Vorbereitungen für die kleinere Schreibschrift.

Zu diesem Zeitpunkt sollten alle Übungen zur Körpergeographie zum Einsatz gebracht werden. Grundlegendes dafür ist in allen Kreisspielen enthalten; es gibt davon viele ausgezeichnete Sammlungen und Bücher. Es ist die Auffassung der Autorin, daß es diese der Jahreszeit entsprechenden, rhythmisch wiederkehrenden Spiele waren, welche früher in der Kindheit gemischte Dominanz und unzureichende Körpergeographie «geheilt» haben.

Allgemeine Übungen

Im folgenden werden weitere Übungen ausgewählt, die in Klassen oder Gruppen angewandt werden können.

Übungen zur Bewegung:
- alle Ballwurfübungen: zur Links-rechts- und zur Oben-unten-Orientierung
- Stabrollen
- Murmeln zwischen den Zehen
- Streck- und Aufrichteübung (sehr gut, um die Konzentration der Klasse vor dem Unterricht zu bündeln)
- Rhythmen klatschen und schreiten
- auf Sätze und Zahlen gehen und stampfen, vorwärts und rückwärts.

Zeichenübungen (6 1/2 bis 7 Jahre):
- kursive Muster, die wie bei der Augen-Hand-Koordination eingeführt werden
- die Zahlensternübung.

Ab 7 Jahren

Zeichenübungen:
- Spiegeln an einer vertikalen und einer horizontalen Achse, Wiederholung von runden Formen, auch im Palindrom (siehe Abb. 9e, S. 92)

- Die Flächenübungen (bei schlechter Raumvorstellung). Der Lehrer zeichnet eine große Form, in die er eine kleinere einfügt (siehe Abb. 9f, S. 92). Das Kind soll nun drei weitere Formen in der ersten unterbringen. Der Lehrer variiert die Anzahl der Formen, die in die große eingefügt werden sollen. Dann führt er das «schraffierte Zeichnen» für den «Himmel» in den Bildern ein.

Malübungen:

- Die «Blau-Rot-Spirale». Sie sollte einmal im Halbjahr gemalt werden, entweder im täglichen Rhythmus oder jede Woche ein Bild der Übung. Wenn man sie auf angefeuchtetes Papier mit vorbereiteten Farben malt, sollte die Übung nicht länger als zehn bis fünfzehn Minuten in Anspruch nehmen. Kinder, die Schwierigkeiten haben, die nach rechts drehende Spirale beizubehalten, wenn sie frei wählen können, sollten eine Weile die dreifache Spirale einzeln üben.
- Das Motiv der Sonne am blauen Himmel als Fortsetzungsgeschichte.

Ab 9 Jahren

Zeichenübungen:

- die räumlichen Lemniskaten
- Flächenübungen. Darstellendes Zeichnen sollte nun in der «Schraffiertechnik» ausgeführt werden.

Malübungen: die Sekundärfarbübung.

Ab 11 Jahren

Bewegungsübungen:

- die Kupferkugelübung (in Gruppen im Sportunterricht)
- Hexameter schreiten und klatschen.

Zeichenübungen:

- sich durchdringende Dreiecke
- Geometrie des Sechsecks.

Malübungen:

- die «Blau-Rot-Perspektive», Version *a* und *b*. Diese Übung ist besonders hilfreich für Kinder, die lange Schulanfahrtswege haben. Sie sollte mindestens einmal pro Woche durchgeführt werden.

4. Tests für Klassen

Zur Einschulung (ab 6 Jahren)

Um in die erste Klasse aufgenommen zu werden, sollten die Kinder zu Schulbeginn im Spätsommer mindestens sechseinhalb Jahre alt sein. Es hat sich eingebürgert, daß man die Eltern der Kinder, die nach Ostern Geburtstag haben, zu überzeugen versucht, die Kinder noch ein Jahr länger in den Kindergarten zu schicken, was sich immer bewährt hat. Mit unserem gesteigerten Lebenstempo und der permanenten Reizüberflutung sind Kinder mit sechs Jahren immer weniger schulreif. Sie brauchen noch einmal sechs Monate, um die Kindergartenentwicklung vollständig abzuschließen.[34]

Ab der ersten Klasse

Zu den auf Seite 65 beschriebenen Tests füge man folgende Übungen hinzu:

- Seitigkeitstest
- Blumenstabübung
- Spiegelungsübung
- Mensch-Haus-Baum-Bild.

Die gerade und gewellte Linie, die Acht und die Blumenform (S. 65) können ab der zweiten Klasse nach Belieben des Lehrers gemacht werden.

Erneuter Test

Man teste die Kinder noch einmal mit neun Jahren und zwischen elf und zwölf Jahren mit folgenden Übungen:

- Kreuztest
- Test zur Farbneigung der Augen
- Blumenstabübung
- Dominanztest und Seitigkeitstest, wenn vorher ein Wechsel erfolgt ist
- Mensch-Haus-Baum-Bild.

Auf diese Weise halten die Lehrer Tuchfühlung mit der allgemeinen inneren Entwicklung der Schüler und können Probleme abspüren, die wahrscheinlich in der Pubertät auftreten. Wenn wir rechtzeitig und sachkundig helfen, können wir den Schülern die notwendige Hilfestellung und Unterstützung geben.

Schluß

Die Grundformen (Archetypen)

Geometrie und Mathematik haben die Intelligenz der Menschheit durch die geschichtliche Entwicklung hindurch erzogen und dem Menschen seine einzigartige Stellung auf der Erde gegeben. Die Fähigkeit, grundlegende Formen visuell zu erfassen und innerlich zu begreifen, hat zu den Errungenschaften vergangener Zivilisationen und zur Entwicklung des modernen Bewußtseins geführt. Zum Beispiel sind in einer Spirale alle Raumesrichtungen einer Bewegung enthalten: links-rechts, oben-unten, innen-außen, vorn-hinten. Es ist leicht, eine Spirale von außen nach innen zu zeichnen. Wenn wir aber dieselbe Spirale nach außen zeichnen wollen, müssen wir aufpassen, welchen Weg wir einschlagen. Wenn wir nicht darauf achten, ob wir nach rechts oder nach links beginnen müssen, entsteht eine umgekehrte Spirale als Spiegelbild. Diese wundervollen Bewegungen der Spirale finden wir überall in der Natur und heutzutage in vielen Haushaltsgeräten.

Diese Grundformen, wie der Sechsstern, der Fünfstern, die Pyramide usw., die die Menschheit immerfort begleitet haben, werden ständig neu entdeckt und neu angewandt. Dazu gehört auch das Verhältnis 2:3 von Fläche zu Volumen, das zum Bau von Schiffen aus «Eisen» geführt hat. Die Grundformen führen den Mensch zu ewigen Wahrheiten und lassen ihn die Erde beherrschen.

Wenn das Kind solchen Formen begegnet, empfindet es diese Qualitäten; sie verbinden das Kind mit seiner Vergangenheit und setzen es in Beziehung mit dem Wahren und Schönen. Wenn man diese Formen macht, wird die innere Intelligenz angesprochen, die in jedem Menschen verborgen ist.

Der Ansatz der Förderarbeit heutzutage muß so gestaltet sein, daß er der Individualität hilft, ihre Identität aufzubauen im Zusammenhang mit ihrer wie auch immer gearteten Erblichkeit und in derjenigen Umgebung, in die das Leben sie gestellt hat. Dann wird der Mensch die Fähigkeit entwickeln, dasjenige, was er heute gelernt hat, für morgen zu behalten.

Anhang

Zur Deutung des Mensch-Haus-Baum-Bildes

Einleitung

Alles, was im folgenden über das «Lesen» des Mensch-Haus-Baum-Bildes gesagt wird, gilt nur dann, wenn es am Ende einer Teststunde und beim «Kurztest» (S. 64 f.) jeweils nach der Klatsch-Zähl-Spring-Sequenz (S. 61) gezeichnet wurde.

Die Bilder auf Seite 58-60 (Abb. 6 a-f) stammen von drei Jungen. Wir nennen sie Tom (sieben Jahre, neun Monate), Dick (zehn Jahre, vier Monate) und Harry (zwölf Jahre). Dick besuchte bis zum neunten Lebensjahr die staatliche Schule. Nach einem guten Start machte er dort plötzlich keine Fortschritte mehr und zog sich innerlich zurück. Der Schulpsychologe sah die Ursache dafür in einem Schock, den der Junge beim Tod seines Freundes erlitten hatte, und in dem eigenen Krankenhausaufenthalt nach diesem Unfall.

Toms Schriftbild war groß und unsicher mit vielen Verdrehungen. Die anderen beiden Jungen schrieben mit sehr spitzen Buchstaben, und in Harrys Fall war die Schrift unleserlich. Die Wahl von Hand und Fuß (im Seitigkeitstest) war sehr eigenartig, ebenso die Bewegungsabfolgen. Die Farbneigung der Augen war vertauscht. Der Blumenstab wurde nach oben sehr eng. Dick und Harry schlossen die Form oben.

Toms Bilder (Abb. 6a und b)

Das Haus als geometrische archetypische Form besteht aus einem Quadrat (physischer Leib und Lebensleib) und einem Dreieck (das Geistig Seelische). In Toms erstem Bild sind beide Elemente deutlich sichtbar, aber das Haus hat die gleiche Bewegungsgeste wie der Mensch. Es gibt keinen Weg hinein oder heraus, Türen und Fenster hat Tom nämlich vergessen. Kein Rauch steigt aus dem Schornstein auf.

Der Mensch (ein Mann, wie bei den Jungen üblich) zeigt nicht die abgeschlossene Dreigliedrigkeit der Vorschulentwicklung: Kopf – Oberkörper und Arme – Unterleib und Beine. Hier ist der Leib rechteckig, und die Arme treten in eigenartigen Winkeln heraus, als ob Tom auf der einen Seite das griechische Kreuz, auf der anderen das lateinische fühlte. Beides sind archetypische Stufen und stehen hier miteinander im Konflikt. Rot und Blau sind auch hier wie bei Sonne und Mond «seitenverkehrt».

Tom zeichnet den Menschen von unten nach oben, beginnend mit den Beinen, die in eigenartigen Winkeln zueinander stehen. Er selbst bewegte seine Beine infolge eines Unfalles auf seltsame Weise. Seine Farbwahl von Rotviolett zeigt uns, daß er das Strömen der Lebenskräfte fühlt, jedoch nicht bis in seine Füße hinein. Die Hände zeichnet er wie ein Fünfjähriger. Oberflächlich betrachtet könnte der Hut das Normalste sein, was ein Kind zeichnet, aber die Erfahrung lehrt uns etwas anderes: Das Motiv deutet an, daß der Strom der Bildekräfte vom Haupt in den Leib hinein in irgendeiner Weise blockiert ist.

Der Baum als Archetyp steht in vielfältiger Weise mit dem rhythmischen System in Zusammenhang, in diesem Fall mit seiner Struktur. Es gibt keine Blätter, das heißt, die Seele taucht nicht genügend in den Leib ein. Die Zweige weisen ein unregelmäßiges Muster auf.

Was das Raumerleben angeht, ist dieses Bild nicht altersentsprechend. Oben und unten sind nur angedeutet. Vorne und hinten werden durch den Standpunkt des Menschen hervorgerufen, der jedoch durch Haus und Baum behindert wird. Wir haben das Bild einer Fünfjahresentwicklung vor uns, die steckengeblieben ist.

Rätselhaft im ersten Bild ist der in den Nacken gezeichnete Haken. Wir erfuhren, daß Tom mit fünf Jahren aus dem Bett gefallen war und sich den Unterkiefer gebrochen hatte. Es wurde die Untersuchung durch einen Ostheopathen vorgeschlagen. Diese Untersuchung ergab, daß die Kinnverletzung zu einer Verschiebung der Halswirbel geführt hatte, die ihrerseits eine subtile Dysfunktion des Nervensystems bewirkt hatte.

Toms zweites Bild entstand ein Jahr später. Außer dem besonderen

Bemühen des Klassenlehrers erhielt er keine weiteren Therapien. Mensch, Baum und Haus waren alle drei verändert. Rauch steigt nun auf, das Haus hat ein Fenster. Fenster sind das Verbindungsglied zwischen den inneren und den äußeren Sinneserfahrungen. Die Anzahl zeigt uns, wie sich im Seelenleben diese Verbindung ausdrückt. *Ein* Fenster bedeutet, daß die Seele ihren Weg in den Leib durch die im Sonnengeflecht konzentrierten Kräfte finden muß. Es gibt kein Fensterkreuz, die Sinneseindrücke überfluten die Seele. Die neuen Lebenskräfte (Rotviolett) sind noch durch das Blauviolett zurückgehalten.

Dicks Bilder (Abb. 6c und d)

Dicks erstes Bild ist sehr arm, selbst nach einem Jahr Waldorfschule. Es gibt keinen Himmel und nur eine Linie als Erde. Der Mensch, das Haus und der Baum stehen ganz vorn im Bild, so daß das Willenselement der Dimension von Vorn und Hinten nicht erscheint. Der Baum stellt die «Lebenslinie» dar, und auch diese ist schwach. Die Luftwege als Wege der Seele in die Atemorganisation hinein sind sehr zart angedeutet. Die Lunge selbst wird durch das die Äste umhüllende Grün wiedergegeben.

Das Haus ist nur halb zu sehen. Dieses Motiv nimmt allgemein zu. Der archetypische Einprägevorgang findet nicht wirklich statt, weder Dach noch Wände sind deutlich gezeichnet. Es gibt nur ein Fenster mit einem groben Kreuz. Obwohl die Seele in den Leib eintaucht, versucht sie, sich gegen die überwältigenden Sinneseindrücke zu wehren. Haus und Mensch sind dunkelbraun. Kinder benutzen diese Farbe, wenn sie stark mit «alten» Kräften belastet sind, zum Beispiel mit Vererbungskräfte, alten Gewohnheiten, Instinkten usw., die einer freien Entwicklung im Wege stehen.

Auch der Mensch ist sehr primitiv gezeichnet, nicht einmal so, wie ein jüngeres Kind ihn zeichnen würde. Man denke an Steiners Hinweis, daß der Unterkiefer und die damit verbundenen Muskeln alles dasjenige empfangen, was vom Haupt herabströmt.[35] Jetzt schaue man sich an, wie Kopf, Nacken und Arme miteinander verbunden sind. Als wir von Dicks Unfall hörten, baten wir um eine strukturelle Untersuchung. In diesem Fall zeigte das Röntgenbild, daß in der Schulterregion ein Wirbel verschoben war. Nach der entsprechenden

Behandlung sagte Dick: «O Mama, jetzt fühle ich mich so frei!» Die Förderstunde wurde weitergeführt, so daß die Körperkoordination aufgebaut und andere notwendige Hilfestellungen gegeben werden konnten.

Das zweite Bild zeichnete Dick ein Jahr später. Jetzt ist der dreidimensionale Raum deutlich. Der Baum ist kräftig. Das Dreieck des Daches und die Wände erscheinen. Die braune Farbe ist etwas heller geworden. Die zwei Fenster sagen uns, daß die Seele nun den zweigliedrigen ersten Leib (Kopf-Rumpf) umwandelt. Die Tür hat einen Knauf und ein Fenster. Das Rotviolett der neuen Lebenskräfte erblüht in Haus und Garten. Ein Weg führt zur Tür, und der Mensch nähert sich, diesmal eine Frau (wenn man *Die Erziehung des Kindes im Lichte der Geisteswissenschaft*[36] studiert, kann man dies verstehen). Dick hat seinen physischen Leib noch nicht genügend mit seinen Lebenskräften durchdrungen. Es gibt noch keinen Schornstein, aber die Sonne scheint. Der Mensch hat Hände und Füße. Das Blauviolett – eine Farbe, die immer innere Bedrängnis bedeutet – hat sich in das Rotviolett der Lebenskräfte verwandelt.

Die ersten vier Bilder wurden mit Absicht ausgewählt, um die Objektivität der Bilder zu verdeutlichen, wenn sie nach den notwendigen Vorbedingungen gezeichnet werden.

Harrys Bilder (Abb. 6e und f)

Räumliche Orientierung ist bei Harrys erstem Bild in gewissem Maße zu erkennen. Die Rechts-Links-Aufteilung ist schwach. Der Baum beherrscht das Bild. Es ist ein «luftiger» Baum, die Wurzeln berühren die Erde fast nicht. Hier sehen wir die Wirkung des Atems (Seele) auf seine Grundlage, das Nervensystem. Das betonte «Grün» ist ein Zeichen der Intellektualität. Harry hatte immer eine Antwort parat. Er wußte, wo jeder wohnte, konnte jedoch seine eigene Nase nicht finden.

Das Haus ist «hohl», die Fenster schwimmen in den Wänden (sie sind blauviolett, die Tür ist rot). Die Formen des Dreieckes und des Quadrates fehlen, sie gehen ineinander über. Das Blauviolett verrät eine zu frühe seelische Verantwortlichkeit. (Als Harry drei war, wurde sein behinderter Bruder geboren.) Wenn der Rauch fehlt, sind die Willenskräfte nicht genügend im Stoffwechsel verankert.

Der dreigliedrige Mensch schwebt über der Erde. Das Blaugrün zeigt die Temperamentseinfärbung. Das Rot deutet auf eine starke Sinnestätigkeit hin. Die Haltung des Menschen legt ein Gleichgewichtsproblem nahe. Wenn die Sonne durch eine deutliche Linie vom Himmel abgetrennt ist, erlebt das Kind Eifersucht.

Das zweite Bild (zehn Monate später) zeigt einen großen Wandel. Der Baum ist nun wirklich ein Baum und fest geerdet. Der kräftige Mensch steht mit beiden Beinen auf der Erde. Die Farbe zeigt, daß er nun aus der Temperamentssphäre in die Schwere des physischen Leibes eintaucht und seine Schwierigkeiten von innen heraus bewältigt. Der Hund (als eine mehr irdische Intelligenz) führt den Menschen zu einem neu belebten Haus, über dem eine dunkelrote Sonne scheint.

Schlußfolgerung

Die Mensch-Haus-Baum-Bilder sollten wir mit ehrfürchtigem Interesse anschauen. Wir sollten sie auf dieselbe Weise betrachten, wie wir dies mit dem physisch anwesenden Kind tun. Wir müssen die Eindrükke, die das Kind und sein Bild auf uns machen, mit in unser meditatives Leben nehmen, um zu verstehen, was das Kind uns sagen will.

In solchen Bildern können wir noch viel mehr Nuancen finden, die dem Charakter und der Entwicklung des Kindes entsprechen. Ein Test, der uns zeigt, ob die Entwicklungsphasen des ersten Jahrsiebts blockiert sind, ist ein wichtiger Beitrag zu unserer Kinderbesprechung. Eine Stagnation in der Entwicklung ist ein wichtiger Faktor bei Kindern mit Lernproblemen. Sie sollte behandelt werden, bevor direkt bei den schulischen Schwierigkeiten angesetzt wird. Das Ziel von Förderstunden ist es, daß jede weitere Hilfestellung auf der Basis einer gesunden physiologischen und seelischen Entwicklung aufgenommen werden kann.

Die Herstellung eines Brotlaibs

Wenn man einen Teig macht, muß man Lesen und Rechnen praktisch anwenden (allerdings werden die Anweisungen in den ersten Klassen mündlich erteilt). Dies ist eine gute Übung für das Hören und die Begriffsbildung, wenn sich ein Kind damit schwertut. Wir zeigen dem Schüler nur einmal, wo sich alle Utensilien und Zutaten befinden, auch wenn dies bedeutet, daß er jeden Schrank und jede Schublade in den folgenden Stunden oft aufmachen muß. Wenn das Kind zu verzweifeln droht, können wir ihm helfen, indem wir ihm spielerisch Hinweise geben: «Jetzt ist es heiß ... jetzt wieder kalt.» Diese Tätigkeit enthüllt uns, was mit der Raumerfahrung, der Bewegungs- und Gedächtnisfähigkeit des Kindes geschehen ist, und hilft ihm, dies alles neu zu beleben.

Um einen Teig zu kneten, bedarf es eines harmonischen Zusammenspiels der Streck- und Aufrichtebewegungen und einer Spiralbewegung, die diese Tätigkeit abschließt. Man achte darauf, daß das Kind mit leicht gespreizten Beinen und gleichmäßig verteiltem Gewicht fest auf beiden Füßen steht, die Arme gerade hält und ganz ausstreckt. Mit parallelen Daumen drückt es die Hände in den Teig, wobei das Körpergewicht über die Schultern in die Hände übergehen soll. Der Teig wird nach unten und vom Körper weg geknetet. Mit den Handinnenflächen und den Fingern wird der Teig zurückgerollt, an den Enden gedreht und mit einer spiralförmigen Bewegung der rechten Hand rundgemacht. Dies wird einige Male wiederholt. Man achte darauf, daß die Ellbogen nicht angewinkelt werden.

Beobachtungen

Manche Kinder stürzen sich geradezu auf das angefeuchtete Mehl und machen schnell den Teig. Andere ziehen ihre verklebten Hände zurück, schimpfen und protestieren. Es dauert länger, diesen Kindern zu helfen. Man achte auf die Tendenz, in den Unterarmen angestrengt Kraft zu entwickeln, ohne den gesamten Körper dabei zu beteiligen. Die gestreckten Arme begünstigen einen guten Atemrhythmus. Auch ist es wichtig wahrzunehmen, ob die Kinder wenig Brustausdehnung haben und ob sie schnell ermüden. Die Kinder sollen Spaß mit dem Teig haben, ihn klopfen, herunterschlagen, verschiedene Formen, Gesichter usw. kneten. Wir zeigen ihnen die traditionellen Formen.

Wenn das Kind dabei ist, den Brotteig in die Form zu bringen oder fest zu kneten, spricht es sich oft über seine äußeren und inneren Nöte aus. Man bekommt den Eindruck, daß es mehr mit sich selbst als zu einem Zuhörer spricht. Die beste Reaktion ist, das Kind zu bestätigen und es nicht mit Fragen zu bedrängen.

Anmerkungen

1 Siehe Karl König, *Die ersten drei Jahre des Kindes*, Stuttgart ^{9}1994, Kap. 4, sowie Christy Brown, *Mein linker Fuß*, Zürich 1995.

2 Rudolf Steiner, *Erziehung und Unterricht aus Menschenerkenntnis,* GA (= Rudolf Steiner Gesamtausgabe, Bibl.-Nr.) 302 a, Dornach ^{5}1986, Vortrag vom 16.10.1923.

3 Siehe Rudolf Steiner, *Die Erziehung des Kindes vom Gesichtspunkte der Geisteswissenschaft,* Einzelausgabe, Dornach 1992.

4 Rudolf Steiner, *Anthroposophie – Psychosophie – Pneumatosophie,* GA 115, Dornach ^{3}1980.

5 Siehe Rudolf Steiner, *Die Geheimwissenschaft im Umriß*, GA 13, Dornach ^{30}1989, Kap. 2.

6 Siehe Lawrence Durrel, Landscape and Charakter, *New York Times,* 12.6.1960; James Lovelock, *Das Gaia-Prinzip. Die Biographie unseres Planeten,* Zürich 1991.

7 Wolfgang Goebel, Michaela Glöckler, *Kindersprechstunde*, Stuttgart ^{11}1994; Bernard Lievegoed, *Entwicklungsphasen des Kindes,* Stuttgart ^{5}1990; G. Kalinger, C.L. Heil, *Basic Symmetry and Balance,* Shippensburg State College, Pennsylvania/USA 1972; Joan Salter, *The Incarnating Child,* Stroud 1987.

8 Siehe die Beobachtungen zu den Kriechübungen, S. 75 f.

9 Siehe Margarete Kirchner-Bockholt, *Grundelemente der Heil-Eurythmie*, Dornach ^{3}1981.

10 Michaela Strauss, *Von der Zeichensprache des kleinen Kindes. Spuren der Menschwerdung,* Stuttgart ^{5}1994, S. 28.

11 In der *Ostheopathie* werden vorwiegend strukturelle Probleme des menschlichen Körpers diagnostiziert und behandelt. Der Ostheopath arbeitet hauptsächlich mit den Händen. Die Behandlung kann sehr tief reichen, bis in den Atembereich, das Nervensystem und die Blutzirkulation. Die Cranioostheopathen haben eine Zusatzqualifikation, die sich auf das sehr subtile Arbeiten am Kopf oder an der Wirbelsäule des Patienten bezieht. Der Ostheopath verfügt über eine medizinische Ausbildung, die in vielen Ländern anerkannt ist. Diese Spezialisten arbeiten auch in Deutschland.

12 Siehe Rudolf Steiner, *Die geistig-seelischen Grundkräfte der Erziehungskunst,* GA 305, Dornach ^{3}1991, Vortrag vom 22.8.1922.

13 Ernst Lehrs, *Mensch und Materie. Ein Beitrag zur Erweiterung der Naturerkenntnis nach der Methode Goethes,* Frankfurt ^{3}1987 (Teil 2, Kap. 16).

14 Zu den Streck- und Aufrichtebewegungen siehe Kap. 1.

15 A. Jean Ayres, *Sensory Integration and the Child,* Los Angeles 1979, Kap. 3 und 5; Jane Field, *Talking to Teachers,* Worcester 1990; Britta Holle, *Motor Development in Children Normal and Retarded,* Oxford/Boston/Melbourne 1976, S. 10 ff.; Reuven Kohen-Kaz, *Postural Control and Learning Disabilities,* London 1986, S. 209; Julio B. de Quiros, Orlando L. Schrager, *Neuro-psychological Fundamentals in Learning Disabilities,* San Raphael/USA 1976, Kap. 10, Abschn. 73.

16 Siehe A. Jean Ayres, ebd.

17 Siehe Rudolf Steiner, *Allgemeine Menschenkunde als Grundlage der Pädagogik,* GA 293, Dornach ^{9}1992, 2.-4. Vortrag.

18 Ernst Lehrs, a.a.O. (Anm. 13).

19 Rudolf Steiner, *Anthroposophie – Psychosophie – Pneumatosophie,* a.a.O. (Anm. 4).

20 Siehe Karl König, a.a.O. (Anm. 1).

21 Ebd.

22 Man beachte Rudolf Steiners Darstellung der Zentren für visuelles und auditives Gedächtnis, in: *Erziehung und Unterricht aus Menschenerkenntnis,* a.a.O. (Anm. 2), Vortrag vom 22.9.1920: «Erziehungskunst ist ein Ausbalancieren von physischer Natur und geistiger Wesensart des heranwachsenden Menschen.»

23 Nach einer Übung, die Rudolf Steiner am 12.1.1924 gegeben hat, in: *Mysterienstätten des Mittelalters,* GA 233a, Dornach ^{5}1991.

24 Siehe Michaela Strauss, a.a.O. (Anm. 10).

25 Man beobachte erst einmal zwei oder drei Stunden hindurch, bevor man korrigiert.

26 Rudolf Steiner, *Anthroposophische Pädagogik und ihre Voraussetzungen,* GA 309, Dornach ^{5}1981, 4. Vortrag.

27 Nach einem Hinweis von Liane Collot D'Herbois zum Malen in Gelb, basierend auf einem Vortrag Rudolf Steiners vom 7.5.1921 in Dornach. Ein Forschungsbeitrag der niederländischen Arbeitsgruppe zum Förderunterricht.

28 Rudolf Steiner, *Anthroposophie – Psychosophie – Pneumatosophie,* a.a.O. (Anm. 4), Vortrag vom 25.10.1909.

29 Central Advisory Council for Education, *Children and their Primary Schools,* London 1967.

30 Siehe Rudolf Steiner, *Der pädagogische Wert der Menschenerkenntnis und der Kulturwert der Pädagogik*, GA 310, Dornach ^{4}1989,. 3. Vortrag.

31 Siehe Rudolf Steiner, *Erziehungskunst. Seminarbesprechungen und Lehrplanvorträge*, GA 295, Dornach ^{4}1984, Besprechung vom 25.8.1919.

32 Anregungen zur Freihandgeometrie finden sich bei Arnold Wyss, Ernst Bühler, Fritz Liechti, René Perrin, *Lebendiges Denken durch Geometrie,* Stuttgart ^{4}1995.

33 Rudolf Steiner, *Erziehungskunst. Methodisch-Didaktisches*, GA 294, Dornach ^{6}1990, 5. Vortrag.

34 James K. Uphoff, June Gilmore, Pupil Age at School Entrance – How Many are Ready for Success?, in: *Young Children,* Jan. 1986, S. 11-16.

35 Rudolf Steiner und Marie Steiner-von Sivers, *Sprachgestaltung und Dramatische Kunst,* GA 282, Dornach ^{4}1981.

36 A.a.O. (Anm. 3)

Literatur

Willi Aeppli, *Sinnesorganismus, Sinnesverlust, Sinnespflege. Die Sinneslehre Rudolf Steiners in ihrer Bedeutung für die Erziehung*, Stuttgart 1996.

A. Jean Ayres, *Sensory Integration and the Child*, Los Angeles 1979, Kap. 3.

Christy Brown, *Mein linker Fuß*, Zürich 1995.

Walther Bühler, *Der Leib als Instrument der Seele in Gesundheit und Krankheit*, Stuttgart [12]1993.

Central Advisory Council for Education, *Children and their Primary Schools*, London 1967.

Anke-Usche Clausen / Martin Riedel, *Zeichnen ist Sehen lernen! Erfahrungen in einer Waldorfschule, in öffentlichen Kursen und in der Gefängnisarbeit*, Stuttgart [6]1986.

Erika Dühnfort / Ernst-Michael Kranich, *Der Anfangsunterricht im Schreiben und Lesen in seiner Bedeutung für das Lernen und die Entwicklung des Kindes*, Stuttgart [4]1992.

Jane Field, *Talking to Teachers*, Worcester 1990.

E. Frommer, *The Voyage Through Childhood into the Adult World. A Description of Child Development*, Oxford 1969.

William H. Gaddes, *Lernstörungen und Hirnfunktion. Eine neuropsychologische Betrachtung*, Berlin 1985.

Wolfgang Goebel / Michaela Glöckler, *Kindersprechstunde. Ein medizinisch-pädagogischer Ratgeber*, Stuttgart [11]1994.

Caroline von Heydebrand, *Vom Seelenwesen des Kindes*, Stuttgart [11]1991.

Britta Holle, *Motor Development in Children Normal and Retarded*, Oxford / Boston / Melbourne 1976.

J. Hunt / M. Nash-Wortham, *Take Time*, Stourbridge [4]1990.

Hans-Friedbert Jaenicke, *Kinder mit Entwicklungsstörungen. Möglichkeiten und Grenzen der Integration in der Waldorfschule*, Stuttgart 1996.

D. L. Johnson / H. R. Myklebust, *Learning Disabilities*, London.

G. Kalinger / C. L. Heil, *Basic Symmetry and Balance*, Shippensburg State College, Pennsylvania / USA 1972.

Margarete Kirchner-Bockholt, *Grundelemente der Heil-Eurythmie,* Dornach [3]1981.
Reuven Kohen-Kaz, *Postural Control and Learning Disabilities,* London 1986.
Karl König, *Die ersten drei Jahre des Kindes. Erwerb des aufrechten Ganges – Erlernen der Muttersprache – Erwachen des Denkens,* Stuttgart [9]1994.
–, *Sinnesentwicklung und Leiberfahrung. Heilpädagogische Gesichtspunkte zur Sinneslehre Rudolf Steiners,* Stuttgart [4]1995.
Ernst-Michael Kranich u.a., *Formenzeichnen. Die Entwicklung des Formensinns in der Erziehung,* Stuttgart [2]1992.
Rudolf Kutzli, *Entfaltung schöpferischer Kräfte durch lebendiges Formenzeichnen,* Schaffhausen [4]1993.
Ernst Lehrs, *Mensch und Materie. Ein Beitrag zur Erweiterung der Naturerkenntnis nach der Methode Goethes,* Frankfurt [3]1987.
Bernard Lievegoed, *Entwicklungsphasen des Kindes,* Stuttgart [5]1990.
James Lovelock, *Das Gaia-Prinzip. Die Biographie unseres Planeten,* Zürich 1991.
S. Marshall, *An Experiment in Education,* Cambridge 1966.
Julio B. de Quiros / Orlando L. Schrager, *Neuro-psychological Fundamentals in Learning Disabilities,* San Raphael / USA 1976.
Joan Salter, *The Incarnating Child,* Stroud 1987.
Michaela Strauss, *Von der Zeichensprache des kleinen Kindes. Spuren der Menschwerdung,* Stuttgart [5]1994.
Rudolf Steiner, *Allgemeine Menschenkunde als Grundlage der Pädagogik,* GA 293, Dornach [9]1992.
–, *Anthroposophie als Kosmosophie. Zweiter Teil,* GA 208, Dornach [3]1992, Vorträge vom 12. und 13.11.1912.
–, *Anthroposophie – Psychosophie – Pneumatosophie,* GA 115, Dornach [3]1980.
–, *Anthroposophische Pädagogik und ihre Voraussetzungen,* GA 309, Dornach [5]1981.
–, *Die Erziehung des Kindes vom Gesichtspunkte der Geisteswissenschaft,* Einzelausgabe, Dornach 1992.
–, *Erziehungskunst. Methodisch-Didaktisches,* GA 294, Dornach [6]1990.
–, *Erziehungskunst. Seminarbesprechungen und Lehrplanvorträge,* GA 295, Dornach [4]1984.
–, *Die Geheimwissenschaft im Umriß,* GA 13, Dornach [30]1989.
–, *Die geistig-seelischen Grundkräfte der Erziehungskunst,* GA 305, Dornach [3]1991.
–, Meditativ erarbeitete Menschenkunde, in: *Erziehung und Unterricht aus Menschenerkenntnis,* GA 302a, Dornach [4]1993.
–, *Mysterienstätten des Mittelalters,* GA 233a, Dornach [5]1991.
–, *Der pädagogische Wert der Menschenerkenntnis und der Kulturwert der Pädagogik,* GA 310, Dornach [4]1989.

–, *Die Philosophie der Freiheit,* GA 4, Dornach [16]1995.
–, *Die Philosophie, Kosmologie und Religion in der Anthroposophie,* GA 215, Dornach [2]1980.
–, *Praktische Ausbildung des Denkens,* Einzelausgabe, Dornach 1993.
–, Die Sinneszone als eine Art Fortsetzung der Außenwelt, in: *Mysterienwahrheiten und Weihnachtsimpulse,* GA 180, Dornach [2]1980.
–, *Theosophie. Einführung in übersinnliche Welterkenntnis und Menschenbestimmung,* GA 9, Dornach [31]1987.
–, Die Welt als Ergebnis von Gleichgewichtswirkungen, in: *Der Zusammenhang des Menschen mit der geistigen Welt,* GA 158, Dornach [4]1993.
Rudolf Steiner / Marie Steiner-von Sivers, *Sprachgestaltung und Dramatische Kunst,* GA 282, Dornach [4]1981.
Moniek Terlouw, *Legasthenie und ihre Behandlung,* Stuttgart 1995.
James K. Uphoff / June Gilmore, Pupil Age at School Entrance – How Many are Ready for Success?, in: *Young Children,* Jan. 1986, S. 11-16.
Roy Wilkinson, *Commonsense Schooling,* Stourbridge 1990.
Arnold Wyss / Ernst Bühler / Fritz Liechti / René Perrin, *Lebendiges Denken durch Geometrie,* Stuttgart [4]1995.